U0367392

杨超杰 著

一名高校辅导员的
工作手记

微思政

上海交通大学出版社
SHANGHAI JIAO TONG UNIVERSITY PRESS

内容提要

本书主要记录作者过去十年在高校学生思政工作一线的日常,内容以微入心,以微及暖,涵盖学生工作的方方面面,并反映出作者充分利用数字媒体技术和互联网资源开展思政教育工作的做法。本书适合高校辅导员、校(院、系)分管及从事学生工作的党政干部和共青团干部阅读,也可作为新进辅导员学习或培训辅导用书。

图书在版编目(CIP)数据

微思政:一名高校辅导员的工作手记/杨超杰著
.—上海:上海交通大学出版社,2023.12
ISBN 978-7-313-29808-9

Ⅰ.①微… Ⅱ.①杨… Ⅲ.①大学生-思想政治教育
-研究-中国 Ⅳ.①G641

中国国家版本馆 CIP 数据核字(2023)第 209306 号

微思政:一名高校辅导员的工作手记
WEISIZHENG:YIMING GAOXIAO FUDAOYUAN DE GONGZUO SHOUJI

著　　者:杨超杰
出版发行:上海交通大学出版社　　　　　地　　址:上海市番禺路 951 号
邮政编码:200030　　　　　　　　　　　电　　话:021-64071208
印　　制:上海景条印刷有限公司　　　　经　　销:全国新华书店
开　　本:710mm×1000mm　1/16　　　印　　张:20
字　　数:295 千字
版　　次:2023 年 12 月第 1 版　　　　　印　　次:2023 年 12 月第 1 次印刷
书　　号:ISBN 978-7-313-29808-9
定　　价:78.00 元

　　本书系 2021 年度上海市哲学社会科学规划年度课题"抗挫折能力的影响因素与提升机制研究"(项目编号:2021FZX007)、中国青少年研究会 2023 年度重点课题"新时代青少年劳动观及其教育引导研究"(项目编号:2023A10)的阶段性研究成果

序

2023 年,高校辅导员制度建立 70 周年。在这一年出版《微思政:一名高校辅导员的工作手记》,显得特别有意义。高校辅导员是高等学校从事德育工作、开展大学生思想政治教育的重要力量,肩负着"为党育人,为国育才"的使命。践行初心、担当使命,需要广大高校辅导员不断提升基本职业素养和业务水平。这不仅是广大高校辅导员自身成长和发展的基础,更是培养立志做有理想、敢担当、能吃苦、肯奋斗的新时代好青年的基础。

大学生是新时代青年群体的重要组成部分,大学生群体的健康成长关乎国家的未来和民族的希望。近日,教育部等十七部门印发《全面加强和改进新时代学生心理健康工作专项行动计划(2023—2025 年)》,特别强调:促进学生身心健康、全面发展,是党中央关心、人民群众关切、社会关注的重大课题。高校辅导员作为大学生身心健康成长的指导者和引路人,应该在培育大学生自尊自信、理性平和、积极向上的社会心态方面发挥积极的作用。

《微思政:一名高校辅导员的工作手记》是一名从事高校辅导员工作十年的教师以其工作记录的视

角,展示其辅导员日常工作诸多方面的作品,展现了作者作为一名新时代高校辅导员的成长之路。书稿传递了作者在"微时代"与大学生"微互动"及"微体验"的情况,传递其"微思政"的教育方式方法,呈现其教育引导大学生"启航同筑梦""青春共奋进""逐梦恰芳华"的故事。该著作的内容贴近大学生思想政治教育工作一线,反映出作者以新时代所要求的思想观念、精神面貌、文明风尚、行为规范来教育学生;充分利用先进典型示范引领作用,宣传时代楷模、道德模范、身边好人好事等先进事迹,持续讲好不同时期英雄模范的感人故事,把榜样力量转化为广大青年大学生的生动实践,对于广大高校辅导员成长具有较好的借鉴和参考价值。

新时代,广大高校辅导员要坚持守正创新,不断推动高校辅导员制度建设高质量发展,为开启高校思想政治工作新局面添砖加瓦。大学生思想政治教育工作的接力棒已经传到了新时代高校辅导员的手上。新时代、新挑战、新要求,无疑给广大高校辅导员的铸魂育人之路又提出了更高的要求。在此过程中,新时代高校辅导员要以习近平新时代中国特色社会主义思想为指导,全面贯彻党的教育方针,落实立德树人的根本任务,切实把大学生心理健康教育工作摆在更加突出的位置,努力引导并促进大学生思想道德、科学文化和身心健康等三方面素质协调发展,在培养德智体美劳全面发展的社会主义建设者和接班人的火热实践中书写人生华章。

相信这本著作能为广大高校辅导员们提供有益的帮助,引发更多的实践育人思考,引导更多青春绚丽之花绽放在大学校园,盛开在祖国大地。

上海大学马克思主义学院教授、博士生导师　杨秀君

2023 年 5 月

自序

2022 年 4 月 25 日，习近平总书记在中国人民大学同师生座谈时强调：广大青年要做社会主义核心价值观的坚定信仰者、积极传播者、模范践行者，向英雄学习、向前辈学习、向榜样学习，争做堪当民族复兴重任的时代新人，在实现中华民族伟大复兴的时代洪流中踔厉奋发、勇毅前进。立足新时代，新征程，我们高校辅导员必须深刻学习习近平总书记的重要讲话内容，并在引导大学生坚定不移听党话、跟党走，努力成长为堪当民族复兴重任的时代新人方面积极发挥作用。

"书，在哪里都可以读，但去兰州，你还可以去看看祖国的西部，开阔一下视野。不要退缩！"

这是十三年前，当我还在犹豫是否要去兰州读研究生的时候，我的辅导员与我交流时说的一句话。辅导员的这一席话深深镌刻在我的脑海里，让我在今后很长的一段时间里都在深刻领悟这个"哪里"的真正内涵，让我以更宽广的视野去认识祖国、拥抱祖国。自工作以来，我也不断教育引导更多的学生领悟这个"哪里"的意义。我想这也是我坚持做辅导员的初衷之一！正如 2023 年春季退伍学生返校复学后给我讲的那样：

"在 2023 年春节期间，我在晚上 8 时到 10 时站巡逻哨。看到一位母亲带着六七岁大的儿子在散步，小男孩看到我后问她妈妈：'为什么这个哥哥过年不回家啊？''因为他在保护我们呀。'过了一会儿，小男孩给我敬了一个不大标准的礼。这时我才明白，我身上的迷彩服在老百姓眼中是什么样的存在。突然觉得在部队里吃的苦都是值得的，也明白为什么解放军会被叫作子弟兵。之后我也给小男孩回了一个标准的军礼，或许我这个不经意的举动，也能给他心里种下一颗迷彩色的种子……"

我们辅导员的工作其实就是在青年大学生们的心中种下一颗颗种子，一颗颗"仰望星空，脚踏实地"的种子，一颗颗用脚步丈量祖国大地的种子，一颗颗立志将"小我"融入"大我"，以青春报效祖国的种子。回顾自己的辅导员生涯，我也确实围绕上述方面开展实践探索，收获了些许成绩并走出了一条"杰白无暇"式的思政路：充分利用重要传统节日、节庆及纪念日，结合丰富的道德实践活动，以新时代要求的思想观念、精神面貌、文明风尚、行为规范教育学生；切实发挥先进典型的示范引领作用，宣传时代楷模、道德模范、身边好人等的先进事迹，持续讲好不同时期英雄模范的感人故事，把榜样力量转化为广大青年大学生的生动实践。同时也切实加强人文关怀和心理疏导，努力培育青年大学生自尊自信、理性平和、乐观向上的社会心态。

党的二十大报告指出，教育是国之大计、党之大计。培养什么人、怎样培养人、为谁培养人是教育的根本问题。育人的根本在于立德。要全面贯彻党的教育方针，落实立德树人根本任务，培养德智体美劳全面发展的社会主义建设者和接班人。作为大学生思想政治教育工作的直接组织者和实施者，大学生健康成长的指导者和引路人，党的二十大无疑对我们高校辅导员新时代新征程的育人工作提出了更高的要求。我们只有坚持遵循思想政治教育工作的规律，坚持守正创新，推进理念创新与手段创新，不断提升政治素质、道德修养、职业素养和业务水平，才能不断推进个人辅导员工作的专业化与职业化，才能让新时代新征程的思想政治教育工作始终保持生机活力，也才能滋养我们所种下的一颗颗种子，让青年大学生们在平凡的工作岗位奋斗中出彩闪光，在青春火热的实践中绽放绚丽之花。

　　漫漫学工路,转眼近十载!经过近一年时间的整理与校对,本书的文字内容终于基本成形。希望这本记录学生工作的小书能为新时代高校辅导员们提供有益的帮助。让我们携手同行,在新征程中以实现中华民族伟大复兴的中国梦为战略全局,以习近平新时代中国特色社会主义思想为指引涵育时代新人,以培养德智体美劳全面发展的社会主义建设者和接班人为实践指向,踔厉奋发、勇毅前行!

杨超杰

2023 年 6 月

目录

篇一 记录思政·启航同筑梦

趁年轻,多研究! — 003

关于"荣誉"的几件事情 — 004

学风建设项目"争先恐后" — 006

被肯定的一周 — 008

第一次走进中国的革命圣地——南昌 — 009

一周关键词:感动 — 010

一个很难改正的弱点 — 011

做了回"面具"自己 — 012

终于开始"形势与政策"课教学了! — 013

和两位同学的交流 — 015

年底了,开始忙了 — 016

第一篇"双周记"出现 — 018

活力满满的一周 — 019

我的工作开启了崭新的一页 — 020

新办公室,新气象 — 022

紧张、忙碌、快乐,还有…… — 023

我的学生入党了 — 024

工作以来的第一次 No. 1 — 025

难忘的十七周 — 026

后毕业季 — 027

党团工作双肩挑了 — 028

匆匆忙忙又是两周 — 030

一波刚平一波又起，一波刚起一波再起 — 032

志愿者的一周 — 033

新征程、新目标，加油！ — 035

常规工作中的小步创新 — 036

学生工作也要做出国门 — 037

再学"旧"概念，引领"新"实践 — 039

定格 2013 级小伙伴们的毕业瞬间 — 042

23 名学生金榜题名 — 043

奋斗的青春最美丽 — 045

待到六月灿烂时 — 047

2013 级的小伙伴们毕业了 — 049

庆祝建党九十五周年 — 050

暑假前的忙碌 — 051

篇二　漫谈思政·青春共奋进

一位新辅导员的自我剖析 — 055

大学生暑期社会实践 — 057

做"名牌大学"的学生还是做"名牌大学生"？ — 060

优秀毕业生究竟该怎么评？ — 062

我是辅导员，我为自己代言 — 066

祖国的宝岛，我来啦！ — 068

首届进博会，有缘千里来相会 — 070

从红色打卡到偶遇党员徽章的故事 — 073

明天，你也会是劳模 — 076

让二工大的青春力量绽放在进博会 ——— 078

致敬脱贫奋斗者,青年砥砺向前行 ——— 080

追梦路上,你我同行 ——— 083

一节生动的电影党课 ——— 085

提升新时代大学生"新三观":生命观、就业观、健康观 ——— 087

有一种甜叫作"17 机制 01" ——— 090

回望百年渔阳里,追根溯源找初心 ——— 092

心定所向,行以致远 ——— 094

李白:用生命之光照亮黎明前的黑暗 ——— 096

不忘初心,继续前进 ——— 099

青年们:中国共产党真的好! ——— 101

从刘长春到刘翔,再到苏炳添,大学生们能学到些什么? ——— 104

以史为鉴,吾辈当自强 ——— 108

美丽西藏七十年,道路修建千万里 ——— 111

九一八事变,不可忘却的历史 ——— 114

关于非团员大学生能否直接申请入党的解答 ——— 117

传承英雄志,砥砺爱国行 ——— 120

万里长城,江山如画 ——— 123

一次纪念,更是一次中华民族精神的凝聚! ——— 128

厚植劳模文化,创新劳动教育,为学生打好成才底色 ——— 131

万里长城,江山如画(二) ——— 136

我们确实以气胜钢,但是光靠气够吗 ——— 140

强军使命扛上肩,民族复兴共奋斗 ——— 142

篇三　图说思政·逐梦恰芳华

写给 2013 级的同学们 ——— 147

青春有梦,勤劳筑梦 ——— 149

第一批学生毕业了 ——— 151

我的好班长去当兵了 — 153

青春迷彩，铭记历史 — 155

记录我带班级第一位退伍军人党员小齐 — 157

一份值得肯定的成绩 — 159

"名"记 — 161

新科本科生，继续加油！ — 163

与你相遇好幸运！ — 165

携手同行，服务滨江 — 167

学习党的十九大精神：从新党章开始！ — 169

欢庆十九大，青年在行动 — 170

努力做个以心换心的思想政治教育工作者 — 172

我的榜样宋老师 — 174

奉献爱心你我做起，志愿服务党员先行 — 176

我和第三届学生会的青春故事 — 178

从竞技体育的视角看如何才是成功 — 180

高职师生们的短道速滑情 — 182

初见北京，加油向未来 — 185

加油，我的学生！ — 187

师生共同设计完成的两份毕业纪念标识 — 189

不忘初心，牢记使命，更要肩负使命 — 191

虽然没有毕业班，但我有毕业生 — 193

一次党性修养提升之旅 — 195

志愿服务首届进博会 — 197

从世博会到进博会，从身份标签到心灵价值 — 199

记录一次为学生而感动的瞬间 — 201

记录今天的"青春三部曲" — 203

书写青春军营华章，铸就新时代钢铁长城 — 205

一次井冈行，一生井冈情 — 207

新同学你好，生日快乐！ — 209

新起点,新集体,新征程 — 211

在世界的舞台上祝福祖国 70 华诞 — 213

十年漫漫,感恩放在行动上 — 215

疫情防控阻击战,党员责无旁贷! — 217

加油,为自己拼搏! 用心,为你们服务! — 219

同学们好久不见了,挺想你们的! — 221

同学,请感谢坚持到底的自己! — 223

同"屏"共振,联动就业 — 225

致青春,共奋斗 — 227

超杰老师也开学了! — 229

致敬最可爱的同学们! — 230

一名高校辅导员的幸福 — 232

温暖的日子与你们同在 — 234

海阔凭鱼跃,天高任鸟飞 — 235

2013 级的小伙伴们,老师想你们了! — 237

首批春季兵,加油啊! — 239

在实践中感悟伟大抗疫精神! — 241

红色寻访走起来 — 243

在中国共产党成立 100 周年的这一天递交入党申请书 — 244

一次感恩之行 — 246

香江守卫者凯旋 — 248

建党百年恰逢生辰廿年 — 250

五星红旗永远是我们前进的动力 — 252

感谢《长津湖》这颗"彩蛋" — 253

十二年一轮回,不忘初心,牢记使命! — 255

背上行囊,走向诗和远方! — 257

打 Call 西部志愿者郭晓峰同志 — 259

新学生,新专业,新旅程 — 261

跨越三年的"朋友圈" — 262

领花不是花,却胜过世间千万花 — 265

足球还是那么好 — 269

祝福我的第一位女兵学生军旅生涯顺利 — 271

附：思政工作中的师生互动

铭记抗战历史,弘扬抗战精神 — 277

从黄土地里走出来的人民领袖 — 280

努力实践"厚生、厚德、厚技"的校训 — 284

我在二工大的七年青春岁月 — 286

学生视野中的二工大发展史 — 289

弘扬航天精神,展望星辰大海 — 292

给学弟、学妹们的一封信 — 295

正确选择＋努力奋斗＝成功 — 299

后记 — 302

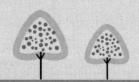

篇　一

记录思政·启航同筑梦

在从事辅导员工作的最初几年中,我逐步养成了每周五完成一周工作随笔的个人工作习惯,主要是为了记录一些工作内容,留下些许工作思考与感想。或是抒发情绪,又或是排减压力,所记内容中也包括了个人校内外生活的一些琐事。此举与个人的日常习惯及爱好有一定关系,但更多的还是源于岗前培训中各位优秀辅导员前辈们向我们分享的一些学生工作做法。在这一过程中,我有机会了解了复旦大学辅导员包涵老师的《包涵心语》一书。它记录了包老师整整四年的工作,在这四年中,包老师坚持不懈,将自己的周记分享至班级、分享给同学。她用152篇周记,12万多字从一个侧面记录了大学生的成长历程以及大学辅导员对学生工作的实践与思考。

不同于包涵老师的周记,我的周记更多的还是从个人的视角出发,用最简单的文字叙述着自己作为一名新手辅导员的工作故事,记录着自己一步一个脚印,不断成长的过程。随着活页一张张加入,原本单薄的周记本也不断厚实起来,直到无法再加入哪怕一张纸。慢慢翻阅着自己的这一本周记记录册,感觉分量满满,回忆满满。或许是所带的第一届学生毕业了,或许是自己积累了一定的工作经验,也就不愿记录太多重复性的工作了;又或许是工作逐步繁忙逐步加重,后期周记的时间也陆续转为两周一记或三周一记,甚至我自己都没留意到什么时候结束了这项"伟大工程",留下了遗憾!这本小本子不仅记录了自己担任辅导员后最初几年的青葱岁月,更是自己学生工作成长路上的一笔宝贵财富。

进行汇总后我发现,这本学工周记基本跨越了自己入职以来所带的首届学生从入学到毕业的近三年时光,累计93篇。我特别选取了其中具代表性的35篇集合汇总,录入本书。工作初期的文字能力和工作内容不免有几分稚嫩与浅显,阅读下来甚至忍不住一乐。但是每一个"小白"辅导员总会经历一个这样的阶段吧!

2014年3月14日

趁年轻，多研究！

可能是因为尚是刚入职的第一年吧，觉得自己工作有点"过于认真"：总是害怕学生事情做不好，担心信息没有及时传到他们手上，有时候有些事，真想要直接帮他们做了算了！最近在看一部电视剧，其中一个角色因为自己个性软弱，太依赖他人，所以遇到很多问题。从中我悟出一个道理：很多事一定要自己去研究，有了认识过程，有了经历才有成长。这让我感觉为学生做得太多了，有点过了。过犹不及！但这又是自己的责任与义务，实在矛盾啊！看来今后要改进工作方法。

本周有件值得开心的事：周一一来，就收到了杂志社发来的样刊。这是我毕业工作后发表的第一篇论文，虽然与毕业论文有关，但也是前前后后经过了多次修改才成形的，很高兴能坚持下来，也是我发表的第一篇核心刊物论文。导师也为我发来了"贺电"！心里暗暗欣喜：我算是从工科跨专业成功了吧！继续努力！

回到现实，我又面临了一个全新的问题：校内课题项目。周中，思政部告诉我，我的思研会课题题目有问题！一开始我吓了一跳，还以为犯了什么错误。好在经过了解后，问题不大，修改一下就好！同时支部高书记的一句话打动了我："你们小年轻要多多尝试，后面肯定需要做党建项目的！"在前辈的鼓励和建议下，我打算今后尝试一下。

本周当然也做了很多事情，找了多名学生谈心，办公室、食堂、操场，都留下我和学生的身影，和同学们的关系就在这些快乐的交流中慢慢积累起来了。同时，我也继续锻炼身体，并简单熟悉了一下计算机职称考试题型，为周末的考试做点准备。

2014年3月21日

关于"荣誉"的几件事情

自从检查出有脂肪肝等健康问题之后，我才意识到工作后基本没有好好锻炼过身体。于是，我开始坚持每天开展一些体育运动，每天去游泳池游上几圈，感觉还不错，转眼也坚持三周了，执行力还挺强。

周四，12机电01班同学来提交思想汇报。顺便和他聊了聊，感觉这位同学还是很实在、很成熟的，当然了，也很"现实"，聊着聊着一上午就过去了。该学生是校龙舟队成员，身体健硕，今后想考警校，做自己喜欢的职业，他觉得能做个除暴安良的人太有自我荣誉感了。对此，我也非常赞同！从交流中，我也知晓了班级其他同学的一些生活状况：很多同学都在"吃老本"，没有太多想法，可能是本地人的缘故吧！看来对新接手的这个班要好好进行一下职业规划教育了！

本周五，我被学院推荐参加学校辅导员队伍建设工作组，参与相关工作。听到这个消息还挺意外的，也感到很荣幸。我把这件事情当作参加工作以来获得的第一份荣誉，内心还挺"膨胀"的，希望借这次机会，好好学点东西，同时也能为学校做点事，贡献些微力量。

本周除了完成一些常规的工作外，党建课题申报书也基本快完成了。作为党建项目"小白"，第一次那么认真写申报书，希望自己好运！其实心里想着的是重在参与……另外，我还第一次开展了校"优秀团员"的评选工作。各班级在评选过程中也出了一些小插曲，一些班级因为名额的问题产生了矛盾，个别同学不开心。这需要开导，也是正常现象。回想过去，自己也经历过类似的事情。于是我告诉学生们：

"希望大家展现自己,民主评选,但是也不要特别在意每一次得失。因为今后还会有很多机会。评上了,也不要骄傲,好好学习,积极实践,配得上这一份荣誉才是关键。"

希望大家正确看待荣誉,形成正确的荣誉观,这可比荣誉更重要。

2014年4月25日

学风建设项目"争先恐后"

这是我入职以来完成的第一次"大型活动"。

本周我作为学院"学风专员"开展了一次大型活动，终于把上学期末领导布置的任务落地了！这个活动蛮有意思：将学院过去一年来成绩大幅度提升的"学困生"做了梳理，并进行了表彰，我们称之为"后进转先进"表彰大会（后面经校领导建议改为了"争先恐后"大会）。

整个过程中，我们开展协调会、收集学生数据、图文宣传、确定表彰名单，最后颁发了奖品。第一次办学院活动，也第一次深刻体会到办一个学院活动的不容易。

时间来到周五，本次"争先恐后"大会终于如期召开了，也算是我第一次组织开展这种会议吧，有些出入，有问题，好在最终还是顺利完成了。第一次做主持人，没有在那么多人面前讲过话，内心很紧张。在这过程中，犯了很多低级的错误，发音也不准，感觉很不好。原本熟悉的主持词也读得磕磕绊绊！喜欢自我发挥的老毛病又犯了，为什么不好好读主持词，造成不能自圆……就当是自我锻炼吧，珍惜机会，多多积累！相信经历了第一次后，有了经验，下次会好很多。

本周三晚上，学院开展"绅士节"决赛，分团委书记姜老师因为外出学习，让我代为参加。这应该是跟姜老师做团工作以来第一次参加学院活动，还有幸做了回颁奖嘉宾，很过瘾，更开心的是我们12机电01班的张同学喜获冠军。在观看"绅士节"节目的同时，我和带教的毛老师交流了好多，他鼓励我多参与学生活动，和他们打成一片，告诉我这样才有利于今后团工作的开展，同时也看着"绅士节"活动现场指出一些值得改进的地方，从坐席卡摆放到后台控制等,让我受益匪浅!

　　本周还来了三位实习辅导员。我和他们交流了很多:给他们说明了学院学风建设相关工作内容,还有学校、学院、办公室等的各项相关事项。同时,也出于一份"私心",请两位同志对12级两个班级就职业生涯、礼仪技巧、简历制作等开办了讲座。回想2013年自己实习过程的点点滴滴,顿时感觉自己已经不是新人了,当然也希望他们能获得成功。

2014年5月16日

被肯定的一周

本周主要忙于印刷"争先恐后"大会材料，让活动以文本的形式留存。

经过与领导几次商讨，以及和老师们的交流，综合各修改意见和建议后算是统稿完毕。周五，收到了样本，也得到了领导的积极反馈。至此，本次"争先恐后"活动算是画上了完美的句号。这也算是我第一次完成这样一件"大工程"，前前后后共用了两个月时间。从这次活动中，我学到了很多，收获了许多工作经验：要根据不同老师，制定不同的通知形式，并且要说清楚要求，及时提醒，当然，最重要的是要当面通知，这是最有效的。回顾这次活动，很开心第一次做了主持人，虽然有点紧张，但我有自信今后应该不会这样了。学院卢副书记告诉我说："小杨，你要留一本这个册子，这是你的工作成果，这项工作做得蛮好的，继续努力。"顿时，我感觉自己还蛮厉害的！

周五，我出席了校研究生会会徽征集大赛成果展示活动。其实一开始有点不开心，因为我被乌龙了一次：原本通知是被选中参加最后决赛的，开心了半天，结果第二天被通知是搞错了，有点失望。内心的理性告诉我：超杰是辅导员，不能乱来。因为是做了自己喜欢的事，重在参与也是不错的。另外，我还收获了一个小惊喜：主持人在介绍征集对象群体的时候没提到我，但是分管学生工作的校领导及时插了一句："还有来自我们辅导员的呢！这个群体不能漏了！"听到领导的话，我心里一阵温暖，我想他肯定惊讶有个辅导员参与，从他的补充中我听出了他对我的肯定与支持。

本周另一件事是发喜糖，虽然不是工作事务，但我都一一发了，目的是通过这难得的机会去认识一下学院各位同仁，结果还是不错的，得到了大家满满的祝福，以及羡慕的眼光。当然，也学了一招，今后发喜蛋的时候要写个名字，让别人记得我，嘿嘿。

2014年6月13日

第一次走进中国的革命圣地——南昌

　　本周在学校学生处、团委组织下,学校各学院学生工作人员一行18人来到江西的南昌工学院考察学习。对我而言,也是第一次走进这片红色的土地。

　　据了解,这所学校里有我们上海第二工业大学(简称二工大)的民族预科班学生。预科班学生在这边学习一年之后转入二工大继续学习,完成大学学业。我们这次来南昌工学院主要是向该校的民族教育学院学习有关少数民族学生教育管理的内容。听了民族教育学院曾院长的介绍后,我对民族预科班民族教育的政策有了新的认识。交流之余,我们也谈到了该校辅导员的工作情况,听后的第一感觉就是"艰苦!"我们真是无法想象:辅导员一周住校六天,每天22:00还要查房! 光这一条就已经比我们辛苦太多了。我们几位年轻的辅导员一致认为要学习这种精神,以更加积极向上的态度投身工作。

　　南昌——中国人民解放军诞生的地方,一直是我所向往的地方。返沪前,我抽空特地去瞻仰八一南昌起义纪念碑和参观南昌革命纪念馆,在"人民军队第一面军旗升起的地方"认真学习我党、我军的光荣历史! 在纪念碑前,我心潮澎湃,除了敬仰革命先烈,同时也对这一年来的工作进行了自我总结。从校门走出,进入现在的二工大工作,从学生到老师,从学生到职场新人。社会角色变化很大,工作热情确实还挺高的,但是需要好好思考接下去该如何聚焦特色,让自己的工作能做得更好! 加油吧!

2014年9月19日

一周关键词:感动

　　新学期,感觉一切都是美好的,本周也不例外。本周的关键词是"感动"。感动于学生为我的第二十六个生日送来满满的祝福,感动于学生为国防事业献出宝贵的青春,感动于学院党组织在我生病期间给予温暖的关心与祝福!

　　这几年的生日都很特别,今年也不例外。可能因为是辅导员吧,能陆续收到学生们用心的祝福,有专门打电话送上祝福的,更有上门送上蛋糕祝福的。很意外,很惊喜,让我深深地被感动了! 我在内心骄傲地说:"可能我的工作也让同学们感动了吧,所以他们也用心好好感动了我一番。"

　　本周我在外培训,然而心思一直在周三要举行的新一批参军入伍学生的欢送会上。我太想参加这场活动了,因为我自己的学生也在其中。好在通过协调赶上了,为两位学生面对面送上了祝福,并一起合影留念。我能感受到他们的内心也是激动的、不舍的。和上海学生父母在场的欢庆热闹不同,我的学生均来自外地,没有父母在现场话别。此情此景,我便是他们的长辈,更需要在精神上给他们送上鼓励和助力。所以,我也很兴奋,当晚和同学们畅谈到凌晨三点多,然后将他们两人送至校门口,目送他们上了大巴车。看着大巴远去,同学们挥手的身影逐渐模糊,回顾他们为了入伍克服的种种困难和做出的不懈努力,真心为他们而感动! 真心希望他们此去一帆风顺,军旅生涯一切顺利! 他们是我送别的第一批军人,对我而言,他们是我的精神寄托,我将自己的军人梦想寄托在他们身上了! 正是他们,让我与军人有了更紧密的联系。

　　本周第三个感动来自党组织的关怀。在我最艰难的时候,党组织为我送上了关怀,让我深深感受到组织的温暖。对于我来说,只有努力做好学生工作,回馈组织、学校,才能不辜负学校的期望!

2014 年 10 月 31 日

一个很难改正的弱点

本周二办公室例会上，我向办公室老师们汇报分享了上周在校外学习的经历。事前我围绕"辅导员网络素养"有关内容做了精心准备，然后在会上作了汇报。自我感觉讲得还可以吧，还得到了前辈徐老师的肯定，有点意料之外。

我觉得这是一次难得的自我锻炼的机会。我自己是矛盾的，之前在人前说话、演讲、汇报的机会太少了，每次有这样的任务第一反应是退缩，但是同时又想获得这样的机会，所以内心一直很纠结，既害怕这样的机会，又想逼迫自己尽快去克服这种困难。其实我自己已经很有意识地去自我锻炼和完善了，虽然见效慢，但是总是在提升的！总的来说，要感谢领导出的这一"狠招"，迫使我努力去克服弱点。在这里又不得不提到教师资格证面试试讲了，虽做了很多努力最终还是"挂了"，明年再准备吧！

我带的毕业班许多学生进入宝钢体检环节了，辛苦没有白费，学生们还是很给力的，看来就业一炮打响了！本周还第一次组织开展了大学生无偿献血工作，感动的是消息一发布出去，就收到了热烈的反响，报名的人数之多出乎了我的意料之外。13 机制班 18 人全报、模具 29 人中 22 人报，引得其他同事羡慕，我只能说："我的学生太好了，他们心怀感恩之心！"

2014 年 11 月 21 日

做了回"面具"自己

　　不知道怎么搞的，慢慢觉得写这种每周小记变成了一个负担，总觉得没有时间来完成这项作业，甚至忘了一个星期之内所做的事情。其实这完全是我自己的问题，因为没有及时做工作笔记，每次花时间回想时感觉都很痛苦，但是我也不太愿意放弃，坚持了好久了，一定要继续，关键是今后要改变方式方法。

　　本周给我留下最深印象的就是周五下午华东政法大学张海燕老师的团体心理辅导了，我们办公室所有老师集中在 2400 教室开展了整整一下午的心理培训活动，主题是"教育戏剧在心理健康教育中的应用"。经过了几个热身游戏后，我们开始面具制作的学习，陈琰老师在我脸上完成了属于我的面具模型，我则根据自己的喜好往面具上画了各种图案，以表达我的内心。然而，这不是关键，向大家表达这其中的意思才是最有意思的。我们把自己的想法跟大家分享，让大家都了解到彼此的另外一面，这是一个难得的经历。最后，我们一一与面具，即另一个自己告别。

　　我发现自己还是有点不舍的。因为我通过努力展示了一个自己想成为的样子，但是仅仅经过了几个小时，却又不能继续了，这一过程让我体会到了巨大的心理反差！因为确实很少有机会能够这样表达真实的自我，所以感觉还是蛮有意义的！可能还是很多内心深处的想法没有表达出来，但是感觉真的不错！后面我会把这个活动用到学生之中，这肯定能帮助我更加深入了解同学们。

2014年11月28日

终于开始"形势与政策"课教学了！

一、"形势与政策"课教学

本周四,开始了"形势与政策"课教学。三个自然班,上午、下午共六节课。一口气上完真的有点累啊。下午都没力气去游泳了,回家就倒下呼呼大睡。这也是我第一次进行课堂授课,感觉还挺兴奋的,甚至都忘记了自己从没有上过课!

课后我简单回顾了一下今天上的课,感觉上午比下午上得好,学生的表现也是上午好一些,更加积极互动!下午印象最深的首先是有意外收获:一位细心的同学向我提出了上课过程中存在的问题,比如"对吧""是吧"等词汇太多。对他表示感谢的同时,我内心也十分紧张,不敢正视他。只能心里默念要好好改正,积累经验。其次是感觉实际授课过程比自己预期的效果要好一些,可能是前期准备得充分的缘故吧!至少没有照本宣科,但是我知道其实我只是花了很多时间背了很多内容而已……理性告诉我,不能再这样,不然后面会很累。

后面还有两周的课,还是要多抽一些时间准备准备,争取上得更好一些。正所谓辅导员要站着能讲,坐着能写,躺着能想!我要好好加油,多学多看,让自己更强大!

二、献血工作志愿者安排

本周一的办公室会议上,领导给我安排了一份新工作——献血志愿者管理。学院所有的学生党员以及部分入党积极分子代表都被我召集成团参与其中。献血当天一大早，在体育馆集合后，我给大家安排岗位、分配任务和培训，大家很快就熟悉了各自的工作内容。随着献血工作开始，大家也开始忙碌起来。团队里我班级的学生比较少，原本还担心大家会不会不听从我的指挥，后来发现这份担心完全是多余的！看到大家认真工作，井然有序，积极帮助献血的同学，我也很欣慰。"黄马甲"成了献血现场最独特、最靓丽的风景线！有些党员同学表示这是他入党后向组织交出的第一份含金量高的作业。同时，十分欣慰的是，我所带班级同学献血积极勇敢，超额完成了任务。学院领导也对我们这支党员带头的志愿者队伍的工作给予了大力支持，并表示要打造成学院的品牌活动，以后每年都开展。对此我还挺激动的。

2014年12月19日

和两位同学的交流

回顾本周的工作生活,有两件事情让我印象深刻:一件是退伍军人事迹报告会;还有一件是学习委员刘同学找我交流班级情况。我为这两位同学的用心负责而感动!

徐同学经历了两年的军旅生活后,退伍复学到了19机制01班。按照他自己的说法是从不懂事的大学生成长为稳重、感恩、有责任心的男子汉!确实啊,有经历才会懂事,我更感动的是从他嘴里说出来的话,句句正能量,拥有穿透力,而且能听出来是发自内心的。相信他能发挥重要作用并带领班级慢慢变好,我需要利用好这个优势。更可贵的是徐同学坚定地表达了入党的决心,希望组织多给他指导与锻炼!我心里高兴极了,感觉突然来了一个"左膀右臂"!

刘同学在周五晚上来提交思想报告,同时也跟我交流了班级同学学习生活的状况。他本人表示非常愿意策划和开展班级活动,但有顾虑,没有班干部身份支撑,怕太主动了会不大合适。他反映班里部分同学有举办活动的愿望,直接找到了他,而没有找班长、团支书。交谈后我首先对他积极关心集体表示肯定:同学们能直接找你表示你有群众基础,平时工作到位!同时也鼓励刘同学,要勇于与班干部交流,表达同学们的意见!当然刘同学的反馈也让我意识到了班长和团支书工作上的一些问题,需要做一定工作呀。

本周的核心工作还有一件:校党建课题马上要结题了。还需要针对问题研究补充一些内容,虽然战线拉长了,好在有一定准备,争取下周结束,可以尽快展开新工作。因为自己这方面有一定缺陷,不善于"弹钢琴",一下子开展多项工作有点难度!一定要锻炼改正,让自己更强大!

2014 年 12 月 26 日

年底了，开始忙了

本周周一周二，一口气把党建课题完成了，吸取教训，网上做了一次查重，结果重复率为 0，这倒让我有点不放心了，虽然基本是自己写的，但也不至于一点也没有重复呀！于是，我修正、引入了一些参考，争取写得更完美一些。改正格式后，终于完成了课题，保存好待用。做好党建课题后我又马不停蹄地开始下一份工作——校基金申请书填写工作，经过前前后后近十天，终于完成。去年没有申请成功，今年不知道结果怎么样！去年还有 1 万元资助，今年变成 5 000 元了，真是一年一个样。总之，先好好争取吧。本次课题申请也得到了领导的支持，给我的课题提出了一定方向，也为这次申报加了砝码。

周二开例会突然说到要交《辅导员工作日志》，我才意识到还有这东西，翻出来一看，内容少得可怜，只有开学初写过一部分，于是开始了漫长的"增补"工作！通过翻阅和学生的聊天记录、回忆与学生的交流等，勉强完成。我觉得吧，要在每次说话后做记录也是挺无趣的，当着学生的面记，感觉怪怪的，事后记则有些细节又忘了。我是每周固定时间下寝室的，每次去都涉及全部学生，当然了，这项工作仍有待改进。

12 月 27—28 日参加研究生考试监考。在监考过程中，回想起自己最初的奋斗，我很是激动，很想重拾当年之勇，再考个博士试试。虽然学习状况不及当年，但还是想试试，让自己有个奋斗的目标，忙碌一点，踏实一点！同时问题又来了，领导找我谈话，关于担任分团委书记工作的事征求我的意见，之前还想着这半年来一直没有什么专职工作呢，现在前前后后来了那么多事，我只能说让事情来得再多一些吧！当然，这也是一个机会，我应该抓住,好好锻炼自己。领导这一次谈话也解开了我很多心结:胡老师还是关心我的呀,知道我前面做了手术,没有给我太多工作,给了我将近一个学期的时间调整。之前我还因为没有被安排专项工作而困惑。

　　岁末已至,很多不重要的事情姑且放一放吧,我们全家都在等待着新成员的到来,开开心心结束这一年,期待"多多"的到来。

2015年1月16日

第一篇"双周记"出现

这两个星期挺忙的，都没有时间好好静下心来做些记录！

主要是因为增加了家里的事情。一直在为即将诞生的宝宝做准备，买这买那。除了忙家里的，也要忙学校里的工作。在经历了漫长的等待之后，1月11日21:15，马尾巴宝宝"千呼万唤始出来"，比原计划整整晚了一个星期。

很快，消息就传到学生那里，陆陆续续收到了学生们的祝福。后来我还了解到热情的他们甚至早已准备好了玩具来庆祝宝宝诞生。遗憾的是，当时身处医院，没有第一时间当面和同学们道谢，不过我也有准备，购买了"喜蛋"发给他们，一起分享快乐，传递喜悦！我心里默默想：我可能是二工大第一个给所带的每一位学生发喜蛋的辅导员吧！

恰逢学期末，在这忙碌的两周里，我继续做好学生诚信考试的教育，还参加了两次期末考试的监考，还有一次匆忙赶回学校参加校基金项目的立项答辩。随着宝妈出院，终于结束了医院生活，步入正轨，恢复了正常作息。随后到校向各位老师分发喜蛋，得到了大家的祝福。正好工会领导年底也来办公室送"温暖"，心里很是感激学校的一次次关怀，其实也挺不好意思的，一次一次让领导上门送温暖。还是那句话：自己一定要好好工作回报学校。在整理好期末各项任务以及新学期各项计划之后我本学期的工作也接近尾声了。

2015年3月16日

活力满满的一周

这个星期过得很快,因为时间充分利用起来了,完全没有空闲,事情一茬接一茬,甚至周末也在学校干活。这周主要在筹备"双代会"的事情,感觉很疲惫,好在晚上睡得不错,基本把寒假不规则的作息时间调整过来了。周中,硬是抽出时间去游了几圈,感觉还是一个字——爽!游泳池里的我可能是最放松的。

为什么感觉这星期事情多,时间紧呢?回顾总结后发现,还是缺乏经验。"双代会"的前期准备总是想到什么是什么,想到什么做什么,很多事情都是自己主导自己做,又是采购又是设计,又是财务又是后勤,还要参与学生会招新,督促同学们尽快建立学院微信号(在确定名称的时候我想起了研究生时候的一本刊物名称——木铎金声,想用在学院官方微信上),和领导不断交流筹备工作等。在忙乱中不断改进、落实,感觉自己是无敌全能的。在学生会招新间隙和部分学生会骨干进行交流,解决了许多问题,也得到了许多学生的支持与协助,学生会和自己带的班级里的许多同学都很给力,也积累了许多资源。

周中,依旧下寝室,联系学生。补考成绩也全部出来了,情况不理想啊!头疼。特别是数控班,累计17人,有学生被学业警告了,很失望,约谈了几位学生接受处理。同时也花了点时间,联系了学生家长,特别是几位"挂科"较多的学生。利用周末空闲时间,继续完成团代会的一些文书工作、写写主持稿等。小小文书工作也是要花大量时间的!

一个星期就这样过去了,似乎我已经忘了一件事情,我的博士梦想!还有两个星期就要考试了,估计是不行了,接下来两个星期还是要适当看看书,临阵磨枪,不利也光!

2015年3月27日

我的工作开启了崭新的一页

本周是很不平凡的一周，不仅是忙碌的一周，也是充满挑战的一周。现在回想起来还是蛮开心的，也是值得纪念的。

本周的心理状态也是一波三折。周一发现课题又没申请成功，有点失落。周二被告知去年的党建课题获奖了，很是开心，这也算是进入二工大以后的第一份奖励吧！当初每天晚上认真研究，用心付出还是很值得的，这更坚定了我进一步研究的信心。上午还很开心，下午这份开心就被紧张的"双代会"筹备气氛冲淡了。我就是这样，永远没办法让自己从成功中获得鼓励，总觉得是运气而不是实力，所以很容易失落，遇到失意的事情时则更悲惨。这需要自己注意了！

周三一早，突然发现准备了好久的会议材料出问题了，所有"19"变成了"18"，所有代表的年龄老了一百岁！百密仍有一疏啊！于是发动学生改正所有文件的相关内容，改完后急忙送到400人报告厅，我也随后到现场开始布置。看到台上台下、各部门忙碌的身影，心里充满了感激，同时心里也绷紧了神经完全不敢放松，生怕出些问题，闹了笑话！12:30预备会议顺利开始，虽然当中有点小插曲，但不影响整体效果。13:30正式会议开始，我也第一次在这么多人面前作主持，我认为自己算是成功的，没有怯场！经过这次历练，内心喜滋滋的，也算是个突破！这里又让我审视起了自己的内心，怕遇事，但又怕没有事，总是硬着头皮上！

15:00"双代会"结束。刚结束"双代会"10分钟我又马不停蹄地来到校门口，带队前往"海上王冠"——东方体育中心，参加花滑赛志愿者工作。我的工作是管理好学校这边带过去的学生观众。这个工作也是挺考验人的，在之前的准备工作中,学校着重强调了组织性、纪律性,要求出车点人数后再走,下车整队点人数带入场,结束后点人数带走上车,最后点人数走人……整个过程我一气呵成,耐心使用到了极致。22:00左右,最后一辆车开回校园,我也终于结束了忙碌的一天!

今天绝对是我人生中最为紧凑、紧张的一天,甚至让我想起了当年考研后的紧张和无缝对接的期末考试!可能也因为高度紧张,完全忘记了吃饭,一天下来居然没想到吃东西,也不觉得饿。

经历了周五上午的工作之后,下午我去上海师范大学领了博士研究生入学考试准考证,开始熟悉考试流程。周末的考试如期举行,紧张的一天很快过去,先不论观点是否明确,逻辑是否合理,很佩服自己能文思泉涌写出那么多东西。第二天下午又开始复试环节,一直鼓励自己放轻松,结果还是紧张,何必呢?反正考不上……考完试去松江接多多、多妈回家,晚上又是熟悉的啼哭声,让人陶醉,享受家人的快乐!

忙碌的一周结束了,完成了团代会和学代会这两项重大任务,接下来学院团工作将是我的工作重心了!期待!

2015年4月11日

新办公室，新气象

　　本周办公室迎来了新一轮搬家，在人文楼的"大杂铺"待了一个多学期后，终于搬家了，来到了2号楼，一个让人喜欢的地方。我也延续了每个学期搬一次"家"的传统。说来也怪了，自工作以来，已经历了四个学期，结果每学期搬一次办公室，我也无奈了。

　　搬家过程中正好遇到学校党委副书记胡老师，顺便向其吐槽："我的工作还不稳定呀，一直在搬家！"搬一次办公室意味着打包、拆包、整理，适应一个新环境，许老师说得好："适应不了会造成心理障碍！"似乎有点道理哦！新办公室里，终于不再是大大小小的箱子，到处堆放的文件了，一切都安排有序，蛮好！

　　随着办公室落实，新的工作也开始了。从新办公室去教学楼更方便了，我也可以更积极地去教室查课啦，一下子下了课堂好多次。新办公室也迎来了第一位来访的学生——12机电02班张同学，得知其在工作岗位很顺利，以及听其介绍如何在单位里提升自己各个方面的事情，我心里很开心，为他高兴。同时，我也鼓励他珍惜机会，在重修课上再努力一把，争取顺利毕业！本周另一个重要话题还是学生被学业警告的事，数控班有几位学生因成绩不佳可能不得不面临留级与退学，我知道他们内心还是很痛苦的，但还是不得不做！

　　周末在家看宝宝，同时也补写了一些日志，感觉很痛苦，决心今后要定时定量记录，不然太浪费时间了。接下来一周还有许多事情要做，课题准备起来，团队内容准备起来，总是压着也不好！

2015 年 6 月 12 日

紧张、忙碌、快乐，还有……

　　转眼来到期末，年终考核工作又要到来了。个人工作汇报自然也是不可缺少的。忽然想到 2013 年 12 月，也逢辅导员年终考核，当时有幸经历了一次，认真学习了各位前辈们的工作，这次也轮到自己了，好在只是院级工作汇报，不过也算是我第一次真正意义上的汇报了。其实挺期待的，想展示自己。汇报主要就是个人陈述，不算复杂，但汇报时我是最后一个，听了其他老师们的汇报，再想想自己的，越想感觉问题越多，心态慢慢就失衡了。再加上确实没有准备得太充分，只是把 PPT 做好了，于是，不可避免地超时了，口齿还不清，再加上闷热的环境，导致自己表现很一般！

　　通过汇报交流，确实也了解到许多新的工作方法，对于我来说是值得借鉴的。让我高兴的是，评委们对我的汇报给予了肯定，"超杰的工作是有一定亮点的！"话又说回来，我真不是一个擅长演讲的人——除非事先准备得极其充分，或许，这就是我的特点吧！另外，汇报收获的最重要的经验是注意用时，学会讲重点，重特色，这是最基本的。

　　本周最重要的事还是就业问题，眼看到了 6 月中旬，推进就业进展迫在眉睫。于是我不断去了解目前仍未就业学生的情况，交流计划、推荐就业信息，每天打电话，下寝室找同学了解情况！当然，我认为也不能把学生逼得太紧。我的目标是，争取在毕业典礼前达到 95％ 左右的就业率。加油！

2015年6月15日

我的学生入党了

6月，一个晴朗的周二下午，我的两位13级学生加入了中国共产党！

在支部大会上，我也很激动，不仅是因为回想起过去和他们一起为班级所做的努力，一起参与的各种活动，也是因为他们是我工作以来带的第一批学生，他们可是我一手培养和考察出来的两位党员。很自豪，终于为组织注入了一点新的力量。两位同学都非常优秀，但也有不足，今后需要注意改正。借这个重要平台，我也向他们提出了很多要求并寄予厚望。

回顾自己入党的日子——2009年12月8日，当天的情景依然印在我的脑海中（全学院各年级的党员都在，内心激动万分，宣读入党志愿书过程都有点哽咽了）。自加入党组织以来，我就一直憧憬着有朝一日也能为组织做点事情。这回算是踏出了第一步，但是这才刚刚开始，我必须时刻牢记高校辅导员使命，继续为党的教育事业贡献力量。

事情一件又一件，压得我喘不过气来，"形势与政策"课刚刚结束不久，说好16周前登记成绩交材料的，结果突然一封邮件过来，要提前到本周五交。唉，又要加夜班了。赶啊赶，干完这件事，再接着干下一件事情。

2015年6月19日

工作以来的第一次 No.1

忙完个人考核,我还有学院层面的考核任务!

周一一早就开始忙团工作考核材料、打分、佐证材料等。回顾一年的工作,的确经历了好多事,自己也成长了不少!跟了一位好领导,理解人、耐心强,还有一群给力的同事,帮助我解决了很多事情,非常感激他们。

得知本次考核个人总成绩排名第一,我很意外,也很开心。自己何德何能,能取得这样的成绩!这说明我的工作得到了同事、学生、领导们的肯定,自己终于也放出了光芒。在例会上,也被点名表扬了多次,我很是惊奇,领导还说超杰进步蛮大的!我的第一反应是:有吗?总觉得自己只是做好了分内事,真的没有什么特别的!然而学生处处长常老师一针见血地点出了我的问题:两年来没有考一张证书!听到这一问题,我也是无奈,当然有自己的原因,但是客观原因更多,具体也不说了……都是伤心泪,我已经报名参加心理咨询师培训了,确定接下来一年会将更多精力放在考证上,项目、论文会少一些!下半年首要目标是考出教师资格证,评职称等。

本周了解到我们的"开心果",老前辈辅导员季老师下半年将不再返聘了,我感到非常难过,真是铁打的营盘,流水的兵。祝他退休快乐!当然我们也有新人会来,我们的团队依旧快乐,充满活力!

周末又逢节假日,与多妈、多宝一起去辰山植物园游玩了一番,第一次用单反记录了那么多美好的瞬间,多宝真是长大了呀!今后我们这样的"家庭日"需要更多一些!

2015年6月26日

难忘的十七周

终于来到了毕业季，我带的第一批学生要毕业了。随着毕业证书发放结束，学生们也要正式离开校园了，感觉时间真的过得很快啊！去年和蔡老师交接班的情况还历历在目，转眼学生都毕业了！12机电01班、12机电02班、12IHK01班的同学们，很幸运能和你们一起成长，你们是我工作中的一笔财富。

很开心，能得到大多数同学的认可，没有产生任何不和谐。

很开心，有得力的学生干部，帮我分担了很多工作。

很开心，你们都踏上了工作岗位，还有25位学生专升本成功，继续深造，追求卓越。

真的非常开心，和大家一起工作、学习、娱乐，特别是在岷奇的指导下进一步提升了游泳技能，还有文海等同学把蛋糕送到我的寝室，还有增产终于落实了工作，进了宝钢……总之同学们都是很可爱的。真心祝福你们未来的路上一帆风顺。

带了第一届毕业生，在工作上也有了很多成果。本次毕业典礼上毕业证书的发放出了点状况，原本的计划没有完全得到落实，场面有点小失控，无奈！好在一切的一切都顺利结束了，原本计划和大家一一合影留念的，也因场面太乱无法控制，只和部分同学合影了！遗憾！

2015年7月3日

后毕业季

　　本周陆陆续续送走了毕业生,结束了毕业典礼的热闹之后,一切又要回到常规,安心做其他工作了!其他老师那的工作似乎也没那么多了,而我这边还有很多事,忙着"争红创建"的互访活动,忙着团工作的计划准备,忙着13级四个班的班级事务,13级也马上要毕业了⋯⋯

　　对我而言,本周仍是繁忙的,让人喘不过气来。首先是周二参加老干部座谈会,认真学习了老干部们的事迹。我作为年轻党员发言,在老同志们面前感觉压力山大。老同志们的一席话让我感受颇深,我们年轻一代,任重道远,要坚定信仰,做好每件事。

　　本周三,我因公外出,参与学院团委红旗创建小组的第一次互访。去了三所兄弟院校交流参观,将松江大学城一圈走下来也还是蛮累的。大家都介绍了自己学院的团委工作,还是有很多收获的,值得学习借鉴。

　　当一切按部就班推进时,不开心的事情突然来了!13模具01班一位同学居然作弊被抓!而且还是一名平时表现很好的学生!为了取得高分脑子发热,被巡考抓住了。对于此事,没有办法,只能接受处分,并休学一年。这样的结果让人很无助、很难受,但是制度面前没有任何情面任何办法,只能接受处理,认真反思。平时不认真付出,就想着最后投机取巧,这样的学生不值得同情!等下周成绩出得差不多了再找相关学生一一谈话。当然这次事件也给我自己提了个醒:有些话学生听了不一定放进心里,我不能太理想主义,原则性的事情还是要反复强调!

2015 年 10 月 9 日

党团工作双肩挑了

过完国庆后，新学期在我看来也"步入正轨"了，算是正常了。一件件"突发事件"让我有点不适应。忙碌的 9 月，调休的 10 月初，周五的培训，琐事不断，让我有点累，但工作总得完成的。

接手团工作后确实占据了我较多时间，连十一黄金周也用上了，我和马老师兵分两路，各自带着近 30 名新生分别去淞沪抗战纪念馆和渔阳里进行了实践学习。缅怀先烈、回顾历史，随着最后合影的完成，我们学院为期近一个月的"青春迷彩，铭记历史"活动基本完成，我内心的第一感受是，团工作终于走出校门了！非常感谢相关老师的协助。

国庆节后马上进行了团委的社会实践结题答辩。我是真心忙不过来了，没有好好指导相关团队。所以，我的几个团队都没有获得优秀，这也是正常的结果。好在我们高职学院也是有团队入围了市级、校级的，也算是完成了本年度的任务，所有材料也按要求上交了。周三去团委面试学生会，又占据了一整个下午，突然觉得怎么一直在帮团委做事！哈哈。

团工作之外，本周的另一个主题是：领任务！根本停不下来。因为同事转岗，学生党支部书记的工作也落在我身上了！突如其来的"学生党支部书记"，让我哭笑不得！所有支部任务都是我的了！收党费、发展党员、预备党员转正，还有团推优，我有点想哭，回顾去年什么事都没有，现在却是没有最多只有更多！有时候也会想：难道是我能力强？领导看中我了？不过话又说回来，全能辅导员就是应该接触各类工作。虽然有些辛苦，但也是自己的幸运，也是开心的。听有的老师说"杨老师怎么那么忙，不停在跑动"，也是满足了！但是也有同事反馈：超杰有学生作弊还能评优秀，有意见！从领导口中得知该消息时我一阵难过,看来总还是有人不喜欢你的,无论是学生还是老师。但也说明我自己的工作的确还有进步空间。我要继续努力!

本周把之前一直耽误的《工作日志》补了一下。随着打印机纸张的出来,一些基本材料也就完成了!接下来还要补齐一些内容,总有做不完的事啊。还有学业警告、毕业班就业、学生会换届……突然发现开学以来就游过一次泳而已,趁着在校监考,一会就去放松一下!正好也报名校运动会游泳项目了,得练练了!

2015年10月23日

匆匆忙忙又是两周

这次工作记录是近几周以来第一次能够安安心心完成的，已经拖了好久好久，再不动笔连自己都不好意思了，由于过了太久，都快不记得做过什么事了。只记得很忙很忙，连游泳的时间都没有了，忙到连回家的次数都少了。

这学期开始就不停在忙，多了很多事务性工作，每天忙到 21：00～22：00。忙多了就开始思考一个问题，是不是工作方式、工作效率出问题了？工会陶老师说得对：工作有轻重缓急，自己一定要做好分配，工作是做不完的。这句话真的给我好好地上了一课！当然，也有许多老师、亲人告诉我工作多是好事，年轻人多历练方能成长。

本周最用心的便是职称评定的准备了，材料准备过程中，心情复杂、不安。不安是因为教师资格证面试还没出成绩。因为这张证，可能今年评不上讲师，材料准备也是白忙活，不禁有点伤感，也寄希望于运气，尽人事，听天命吧。思政教育真是太困扰我了，想做些突破，又感到很无助。到了深夜11点多才完成申请材料。同时，课题经费报销工作也在继续，开玩笑地讲，财务处的业务倒是学了不少啊。课题推进缓慢，刚报销完，就来了个中期检查，事情就是这样一件件来的。又到年底了，党建课题结题在即，中期检查也来了，"争红创建"中期检查也来了，身为党支部书记的我还要导出工作计划、特色创建，每一项都是"硬骨头"！

发现本周最大的问题在于运动会的准备工作，居然要买那么多东西，还要做预算、给方案、筛选运动员，不断和体育部讨论，协商参赛问题、训练问题、纪律问题，以及买运动会纪念品、奖品等。人生中第一次体会到买东西买到吐的感觉，买完等待收货、清点、整理，接着就是伴随而来的报销问题，真的很烦琐。

本周团委例会评选出了上海市优秀慈善项目团体，我们亮眼服务队终于榜上有名，太不容易了。同时，也接了一档志愿者工作任务——短道速滑比赛，本来是校级活动任务，正好可以结合学院团建工作进行内容的扩充。

说到最近很忙，还因为党建工作需要处理许多事务，本想材料做好了，不想再加人了，想来想去觉得符合条件的还是得发展呀！于是又是各种补材料，指导需要转正的学生准备材料，紧接着又召开了第一次支部大会，转正了两位同学，感觉还挺有意义的。不过一想到今后还有许多事务性工作，以及党务公开网维护、手册书写等，顿时感到头疼。

本周三终于如约去参加了工会的歌唱比赛排练。在繁忙之余，放松放松，让我暂时忘了工作，但是等事后回到工作中发现，还是有那么多事情啊！慢慢弥补吧！工作是做不完的。

2015 年 11 月 6 日

一波刚平一波又起，一波刚起一波再起

周一遇到了罕见的大雾，上班的路上堵了又堵，迟到了近一个小时，这也是开车这么多年来第一次遇到这样的情况，按照辅导员工作来讲也算是突发事件了。上班路上停停走走，晕晕乎乎，也是本周的真实写照。

上午到校后，简单准备了下午的事情，如支部大会、形势与政策课等，午饭后就开始进入连轴转的工作中，12：30—14：00 开支部大会，14：00 起开办公室例会，14：30 中途离开，前往教室上课，中途还去交了支部大会材料，真是见缝插针了！够速度，够无缝衔接。形势与政策课上，我继续讲授关于抗战的内容，而关于经济的内容，我就没讲，一来不擅长，二来学生也不感兴趣，作为上节课内容的延续，我与学生还一起观看了影片《东京审判》。同学们都看得非常认真，并深深被震撼了，大家还把自己的感想写下来了，我认为本节课的效果远远比计划得好。

周二花了近一天时间整理了学院的"优生优干"材料。因为是第一次评选这个奖，我还是不放心，要亲手过一遍。感叹真是太复杂了，还要不断地更改有问题的材料，不停校对，总算是完成了，松了一口气。随后马不停蹄地做了一些经验汇总并发给相关学生会干部，要求他们学习，这样后续相关评选这些学生干部也可以参与进来积累经验了。

周三学院学生会成功举办了换届选举，本次学代会我没有过多"关注"，全由学生自己完成，当然也取得了较好的效果，代表都来得很齐，同时，也向老一届学生会颁发了聘书，心里非常感慨，对老部长们感到非常不舍。

刚感觉事情差不多完成了，周四开完党总支大会，又领了好多任务。周末开始准备短道速滑世界杯的志愿者工作。真是一波刚平，一波又起，一波刚起，一波再起。

2015 年 11 月 20 日

志愿者的一周

学院团委承办的大型国际赛事——短道速滑世界杯上海站的志愿服务工作本周终于开始了。非常期待也非常紧张！很感谢校团委和学院领导的信任，让我们承担这么高级别的活动。不愧是高职（国际）学院，我们必须要有国际范儿。

一周下来，"小冰花"们陆陆续续前往"东方体育中心"或酒店开展志愿者服务。大家都很辛苦，起早摸黑，但是也都很配合，很珍惜这个在世界舞台上展示自己的机会。为了确保第二天工作的顺利开展，每天晚上回到学校，我们都会和学生负责人交流工作，总结问题，同时确定第二天的相关图文宣传、发布等。这些天我基本都在东方体育中心，在现场给同学们打气并及时协调各项工作！

第一次举办这么大的活动，难免出问题，有不足！在此也感谢各级领导们的及时"解救"！接下来的周六、周日是正式比赛，将是重头戏，全员参与，还需要加油哦！另外，还要研究校领导来慰问时的接待路线，协调与志愿者共进午餐的时间，派发礼物等，这些对我来说都是考验！心里顿时有点害怕。

这名副其实的"志愿者"工作的一周不仅仅体现在短道速滑志愿者工作上，也体现在各类志愿者评奖工作的开展上。除了校"优秀志愿者"评选，还有校"优秀志愿者项目"评选。对于我们高职来说，还是挺困难的，主要是因为时间不够，达不到基本要求。算了，下周我找领导商量后再定夺吧！

本周大部分时间在东方体育中心，剩下在校的时间都在"开会"，几乎每天都有一个"大会"，一开就是半天，让我无法开展工作，"大会"之外还有许多小会，团工作例会、党支部交流会、学生工作例会、座谈会、项目中期答辩等，又领了好多任务，让我感觉有点力不从心。这个学期真是深刻体会到了什么叫忙，从开学初忙到学期末，都是全新的考验，本学期确实值得纪念！但是，毕竟还有生活呀，放着母子俩在家让我于心何忍。随着多多成长，我需要更多的时间去陪伴他，与他交流。

好像是周四晚上，我实在无心工作了，去了泳池，好好放松了一下。真是太久没游了，好开心啊。晚上完成第二天的准备工作后与其他住校老师们一起娱乐了一下，大家一起很开心，很放松！

2016 年 2 月 16 日

新征程、新目标，加油！

转眼间漫长的假期结束了，听说这是二工大史上最长的寒假了。在这个假期里，我看了一个星期的娃，去珠海、澳门玩了两个星期，过春节用了两个星期，最后是扫尾工作的一个星期。

明天要上班了，还意犹未尽，总感觉假期还是少了点……第二天一大早就醒了，无缝衔接上班，开始了新征程。果然一回到学校就身不由己了，各种事情追着要我去处理：毕业班报到、团工作开展等。大概是假期综合征，事情做得好慢，还不想做，老毛病又犯了！忙完事情开始复习博士生考试的内容，每开始看不久就有事情来干扰，让人无奈……

周一中午去学生寝室摸排了情况，大致了解了一下学生们的报到情况。让人开心的是大家都心系就业，忙于收集各类招聘信息，甚至有些已经去招聘会了。相信他们都能成功，同时也给了同学们一些就业方面的建议。

PS：为什么中午去寝室呢？因为本学期起，除非特殊情况，杨老师将天天回家，不再住在校园里了。这一点好像让大家感到挺意外的。原因很简单：多多爸得多多关心家里，关心多多和多多妈。

周中突然收到了华东师范大学的邮件，通知我 3 月 4 日参加博士生入学复试！比较幸运，居然通过了材料初审环节！于是我马上调整策略，趁开学前两周事情不多，安心做自己的事，认真复习，其他事情几乎都置之度外了。但是现在更大的问题是体力与精力，现在真的是一到晚上就累得要死，还要看娃，倒下就呼呼大睡了。反正就是紧张的一周，有点像去年备考教师资格证那样，让人感觉压力很大，每天还要来回奔波，还新增了买菜环节，简直是忙到飞起！

2016年3月25日

常规工作中的小步创新

博士生入学复试结束有一段时间了，结果显而易见，应该是考不上的。但是感觉身体上、精神上都消耗了太多，一下子缓不过来。不过现在终于可以安下心来认真工作了，除了应对各种"突发事件"，还要完成课题推进以及"党建团队"授课课件制作、口语比赛志愿者工作等。

本周三晚上我吓了一大跳，有无数个电话打到了我手机上。后来发现有保卫处的、学生家长的、学生的、宿管的等，但是等我发现时已经是凌晨1时，我就继续睡了。第二天还没到校，领导就联络我了，于是……我想说我真是没有相关经验啊，感觉不到问题的严重性，在领导的建议下，我向保卫处黄老师、学生家长一一回电表达歉意并关心事情的发展。好在没有发生极端情况，只是学生手机没电了，家长又联系不到很着急。

本周草拟完成了一份学院团委工作内容——团支部激励计划。在团委组织部同学们起草的初稿基础上，我进行了修正完善，与领导讨论后，最终修改完成。这也算是学院团委工作制度的一大创新，准备在几个班级试验一下看看实际效果，相信此激励计划将大大提升各团支部的活跃性。在完成之后我趁热打铁，把之前整理好的一些论文积极投了稿。虽然质量不高，但也想发表出去，做一定的积累，同时也为"优青"课题结题做准备。投稿的过程确实是挺烦的，但是没办法，总得耐心完成。

不得不说说上下班的事情，似乎有点习惯准点上下班了，但是也有点不适应，很多事情无法帮学生完成了，再也不是那个一直在学校，一直在办公室的杨老师了，心里也感觉挺不好的。连续几位同学打电话来问四联单领取的事情，都不能答应……每天在校时间短暂，因而倍加珍惜，事情还是那么多，时间却少了，得好好改变一下了！

2016年4月8日

学生工作也要做出国门

这周恰逢清明放假，但感觉假期一晃就结束了。

转眼又是两周过去，周记已然变成"双周记"了。

由于工作实在太忙，最近住校又频繁了。已经习惯忙于各种开会、各种任务，回头一想其实也没什么！虽然有点自我荣誉感，但想多了就全是疲劳感了……

周中接了一个新活，学院派我暑假带领学生去澳洲短期游学。听到这个消息的时候我还是很兴奋的！兴奋过头了，甚至都想不到背后的困难。这是个挑战也是一次机遇，但是出发之前当然有很多事要做——召集学生开会、收材料、解决问题等。中间我还需要完成和澳方的沟通、个人因公护照和签证的办理等，这对我而言是一个全新的体验。学校给我们几个团队开了几次会，了解到其他项目发生过的一些问题后让我感到压力巨大！不过也只能安慰自己：领导能让我去，说明超杰还是可以的，超杰在某些方面还是蛮好的……

毕业班同学在就业过程中呈现出一些问题：有的同学高不成低不就，有的同学顾此失彼等。作为辅导员，我积极关注相关学生动态，鼓励基层就业，这样的做法对大部分同学确实有一定的效果，但是总有几个"调皮"的会跟我唱反调，需要盯一盯！不过对于今年的就业我还是很有信心的，因为我了解这批学生，也相信他们的能力，我还曾向就业专员打趣：100%没问题的！除了就业还要评"优毕生"，人多名额少，真的很难，好在结果还是让大家满意了，没有不同意见。只能说很遗憾，不可能照顾到每个人！13级的小伙伴们都很优秀，评定完"优毕生"意味着他们即将毕业，即将踏入社会，想想还真是挺不舍得的。

其实也要往好的方面去想，细想一下最近的工作表现其实还不错，按计划完成自己工作的同时，也及时完成了各项临时性任务——"优毕生"评选、繁杂的团工作、党建工作等，还安排好了实习辅导员的带教工作。最大的问题还是没能从纷繁复杂的工作中提炼出高效有用的方式方法来，以至于工作的繁忙甚至让我学会了拒绝任务，也学会了给自己找借口。未来两周又将外出学习，估计又会忙得不可开交！加油，超杰！

2016年4月22日

再学"旧"概念,引领"新"实践

本篇是2016年第一期大学生社会主义核心价值观教育专题研讨班培训小结。

这学期第8周和第9周没有在校工作,在学校党委组织部的安排下前往市委党校参加社会主义核心价值观的培训,一周在上海,一周在湖北红安。在红安主要是学习红安精神,进一步了解社会主义核心价值观的内涵,参观将军纪念馆,了解革命先烈的英勇事迹。这些活动让我的内心受到了深深的震撼。

这次高规格的培训,对我来说不仅是个人学习以及同行间交流的机会,也是自我突破的机会。本次培训理论和实践相结合,不仅有专家的专题讲座还有外出考察,我也是第一次参加类似的培训,在整个培训过程中,我与所有学员一起感受革命圣地的文化,提升党性修养,有了许多收获与体会。

一、理论学习与内化

虽然社会主义核心价值观的内容早已耳熟能详,24字也早已记在心中,但是经过相关主题的学习后才发现自己在其内涵的深入思考方面、在工作应用方面仍有不足,特别是工作方法还有不当之处。《以社会主义核心价值观引导大学生正确看待社会舆情》《上海高校培育和践行社会主义核心价值观的实践》等报告让我从个人、社会、国家三个层面理解了社会主义核心价值观以及当今高校学生思政工作的重心及其方式方法问题,并对价值观、德育、社会主义核心价值体系等概念内涵有了新的认识。在专家们的培训与引导下,我也感悟到了很多相关方面的研究热点及其方法论,正好可以结合自己的相关课题开展一些研究作为理论支撑。我想，培训暂时结束了，但是许多研究内容需要我在接下来的一段时间内慢慢实践与提炼，争取能结合我院实际情况形成一定成果。

二、党性修养有提升

本次培训的另一收获就是第一次来到了祖国的湖北省，踏进了红安县，开展了为期四天的考察活动。以往参加的考察活动都是短暂的，走马观花似的。思想上未重视是其一，没有深入考察学习获取知识是其二。相比之下，这次是实实在在的，也确实有不同。通过当地党史专家做的红安精神专题辅导、革命传统教育教学点的现场教学学习、参观黄麻起义和鄂豫皖苏区纪念园等活动，我进一步增强了全心全意为人民服务的意识，提高了积极主动意识、身份意识和党性修养。

三、业务交流有启发

此次培训与以往辅导员培训的不同之处在于，本次的参与人员基本都是党总支副书记及以上有一定行政级别的人员，辅导员相对较少。利用这一特点，我积极开展业务交流，从新的角度了解了其他院校学生工作领导者的工作思路，特别是兄弟高职院校的共青团工作、学生党建工作、学生管理等方面的情况，并且深入交流了相关工作面临的问题与解决办法。非常有幸通过这次培训认识了很多或资历深厚或同龄的同仁，为今后相关业务的交流与合作、课题研究等开拓了途径。

本次培训也是我时隔一年半后再次参加的一次辅导员培训，相比之前，如今的我在工作经验、业务能力等方面都有了一定的提高，也有了一定的工作业绩，似乎也有了一点自信，还有了一点自己的看法、想法，在小组讨论中也有了自己的观点，开始敢于交流，不怕"出丑"，这对我来说是个突破。面对那么多工作经验丰富的副书记，那么多健谈的学生工作者，我非常羡慕他们的能力，在今后的工作中，我仍需要注重自己这些方面的提高，因为这些正是我要突破的瓶颈！克服这些将为我今后工作的开展提供有效的保障。两个星期的培训说实在的也是蛮辛苦的，主要在于培训与工作要两边兼顾，学校里总有那么多事情需要我来处理，同时还要麻烦其他老师、学生协助，所以在培训过程中我要不间断地通过网络联络学校，在线开展学生工作。建议培训单位在今后开展相关培训时要进一步强调脱产要求，提升学习效果。

最后再次感谢上海市委党校第四分校和上海第二工业大学有关领导给予我这次学习的机会，同时也要感谢班主任以及同班学员们的热心关照、不吝赐教。此次培训让我收获颇丰，期待返校后能在实际工作中发挥作用，让自己的工作开展得更有效、更具特色。

学生工作任重道远，我们永远是"战略合作伙伴"！

2016 年 5 月 13 日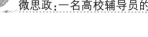

定格 2013 级小伙伴们的毕业瞬间

时光飞逝，三年时光转眼逝去。依稀记得 2013 年 9 月 1 日在体育馆迎接大家到来时的情景，当年一张张稚嫩的脸庞，经过大学的学习、实践后，如今更多了一份成熟与稳重。周三的集体毕业照拍摄意味着大家离校的时间也不远了，不舍……

先前建议几位班干部为班级准备一身班服，这样拍照可以产生很好的效果。这一建议得到了大家的采纳，四个班级都自行设计并定制了班服。我心里还是蛮感动的！一方面体现了班干部的组织力，另一方面体现了大家的集体意识。

拍毕业照只是一瞬间，但是拍完后大家还是久久不肯离去。三五成群，纷纷结伴合影留念，发自内心地叫出一位位同学的姓名要求合影，这场面让人非常感动。正当我还陶醉在被同学们争相邀请合影的美景里时，突然被同学们套上了一件辅导员专属的班服，虽然一开始有点不知所措，但缓过神来就发现自己哽咽了，很激动，也很感动于同学们的用心！班服上一张张美丽、青春、阳光的笑脸，将永远留在我的脑海里，你们是我完完整整带完的第一批同学，三年的时光感谢有你们，真心希望你们都顺利、健康，成为社会的新力量、新风尚！你们很厉害，是各类奖学金的获得者，也是忙碌在各县的志愿者。你们中有人加入了中国共产党；有人专升本继续求学；有人走基层、扎根基层，成为一步一个脚印脚踏实地的优秀青年；还有人投身国防事业，开启让人敬重的军人之旅……

在我心中，你们都是优秀的，很高兴能和你们共处三年美好的时光，三年的时光让我们都得到了成长，希望未来的你们在自己的岗位上继续努力，争取更大进步……

2016 年 5 月 20 日

23 名学生金榜题名

经过一周的漫长等待,小伙伴们的专升本成绩出来了,不久后的周五,录取名单也新鲜出炉,四个专科班级中,共有 23 名学生考上了!除了有 4 名来自机电专业外,其他都在我带的班级里,比较庆幸啊。这样我的就业指导压力可以有所缓解……

对录取学生的情况进行分析后,我有了新的发现,有几名学生复习效率奇佳!刚在 12 月考过英语四级的两名学生居然被高分录取,体现了他们坚定的信心与决心(可能是英语出色吧)。但另一方面,也有几名平时成绩不错的学生复习了很长时间,结果却不理想,这让我有些意外。好在,他们都有备选计划,一名已经就业,另一名也是拟参军入伍的。

小伙伴们通过了专升本考试,我特别高兴,发自内心地祝福他们,给每一位学生发了祝福,并勉励他们今后继续努力。特别是对两位入党积极分子,给予了今后的行动方向;还勉励了几名户口在校的学生,鼓励他们继续努力,争取毕业后能落下户口;对于部分全面发展的学生,则鼓励他们报考研究生;同时也希望所有的学生今后能经常回来看看、保持联系和交流,最后告诉他们"我永远是你们的辅导员!"学生们的回复也让我感动万分,三年的陪伴真不是"盖"的。总之,希望他们今后求学道路顺利。接下来就是几位落榜同学的心理开导和就业计划交流了!

周三,我第一次踏进了上海交通大学的校园,主要是代领导去参加一个有关慈善工作的会议。从进校开始一路上一直看到学生志愿者在进行引导工作,心里顿时想到我自己的学生——和我们学生一样啊!但是感觉他们似乎更专业,这可以从他们的行为、言语、肢体语言等方面看出来,让人很舒服，难道这就是差距？还是心理作用？我也就自我笑笑，不过确实也需要给我们高职青年做一些相关培训。会中，我接到校团委一个通知，让我在下周一社会实践出征上发言……要准备稿子！我的第一反应是意外和兴奋！脑子里冒出来一个想法：找哪位老师要个范文去！但是马上又告诉自己：不能用这种问题解决模式！冷静下来之后决定还是要自己完成。研究相关要求，收集素材并完成稿子后，我长舒了口气，我这不是很好地完成了吗？凡事要靠自己，不能有懒惰的心态！

2016 年 5 月 27 日

奋斗的青春最美丽

五月的工作是青年的,本周的工作属于团工作。

周一一早要参加社会实践出征仪式,为了再认真准备一下仪式上的发言稿,我周日就住校了。周末在准备稿子的同时还需要完成社会实践指导工作,因为担心不盯紧会产生大问题,所以花了较多时间指导学生确定方向,并指导学生修改 PPT。好在没有白忙活儿,手头两个项目都顺利进入校级二辩,有点开心哦,继续努力……后来学生说把周末和我一起认真准备材料的故事写到了"幸福瞬间"里,听到这个消息还挺高兴的。

本周最紧张的事情马上来了!那就是周三晚上的五四青年歌会。虽然是第二次办这个校级活动,但还是有点怕怕!可能是因为今年我之前关注得不多。这次更多的是在去年经验的基础上进行指导,由于事先把具体任务细化给了各个学生工作组,我自己的工作压力小了很多,学生那边也比较给力,比较负责,最后顺利完成了这次校级任务,而且似乎比去年还更好一些!内心充满了感激之情,感谢各个参赛队的无私奉献、工作人员的辛勤付出,让我们的歌会充满了活力。这次活动让大家得到了锻炼,相信在这次活动后,我们团队的凝聚力将进一步提升,也将更具"战斗力"!同时也很感激各位领导的莅临,居然都来了,有点意外,这体现了学院对这次活动的重视。接下来还是要努力总结,争取明年建团 95 周年时做得更好。

周三在紧张之余,还参加了校龙舟赛,拼尽全力,差点虚脱,却还是第二名,没有办法啊……认命!总结下来就是一起训练的时间太少。五四青年歌会也是一样(学院也是第二名),配合不娴熟,这说明我们还有进步的空间！不过，我认为很好地完成这些工作就是成功。接下来的重点是进行社会实践工作，这将是一次大任务，今年必须比去年的成绩好！我的一个项目也与课题申报有关，"一劳多得"的事要认真准备！

团工作很精彩，奋斗的青春最美丽！加油，高职！

2016年6月3日

待到六月灿烂时

转眼又到年中,时间过得真是太快了,好在半年的工作时光有不错的收获。进入二工大已经有三年了,三年的工作就像我给毕业班在临别寄语中所写的那样:三年来我们彼此都有了较大改变,今后要继续努力……

转眼三年,同事们都收获颇丰并向更高层次发展!今年学工口一下子考上了好几位博士。相比之下,我就很矛盾了,我也考了两次,却都没有成功。同时由于工作内容繁琐,我也没有机会和时间来关注这方面的事情了,没有办法呀!很矛盾,很焦虑,不仅工作,还有生活、家庭,压力山大。不过今年我也是有目标的,也申请了几个课题,而且这次课题较之前的层级有所提升哦。全国共青团、上海共青团、上海市教卫党委党建等的项目信息也陆续快出来了,得好好把握了,这就是我的方向……这可能就是"失之东隅,收之桑榆"吧!

周一一早,专升本学生录取通知书就来了,整理后我立刻通知学生前来领取,大家很快就来了,也都很激动。有好几位同学要求和我合影并表示:"老师,这是我迟到三年的通知书!""这些'晚到'的通知书终于到了",让我十分感动!我也打算尽最大努力帮助他们,让他们发展得更顺利!我主动和学工部相关辅导员对接,推荐这些学生,特别是对今后要入党的同学,请他们做好培养工作的对接等。我的第一批学生,还是很厉害的,一定要帮助他们!另外就是非专升本学生的就业工作了,我每天忙着督促学生就业,和企业沟通补办信息登记号,不停和学生、企业解释四联单的作用……基本上每周都在重复这些,整个过程中我很耐心,事情进展得也很顺利,大家都很配合。几位女同学找工作时遇到了瓶颈,我着急啊,找各种资源帮她们联系工作单位，好在最终还是和原单位顺利签约了。还有几位同学确定了毕业工作方向后也放松了紧张的心态。就业工作仍未结束，仍要继续努力，而且也确实急不来，于是我一直给自己打气：一定可以的，相信学生，相信自己！

2016 年 6 月 25 日

2013 级的小伙伴们毕业了

还记得那是 2013 年 8 月 31 日上午，我在体育馆迎接每一位新同学的到来。同学们一张张青涩的脸庞上有好奇也有懵懂，如今三年过去，这届学生马上要毕业了。三年的成长，三年的工作经历让我也多了几分成熟，我想对他们来说肯定也是一样的。学生们确实懂事了不少，但是在我看来还有不少成长的空间，接下来慢慢努力吧！

对 2013 级的学生我是偏爱的，不仅仅因为他们是我入职后接触的第一批学生，更因为他们是我引以为豪的学生，也是懂事明理的孩子。很高兴能和他们三年相伴、共同成长，成为二工大不可缺少的一部分。三年的时光也有许多抱歉，许多做得不合理的地方，我会在今后的工作中注意改善。

今天我强压住内心汹涌澎湃的情感，表现得很淡定。随着毕业典礼宣告结束，最后一份毕业证书也发放出去了。回到办公室后，我整个人都不好了。想到今后将很难见到这批可爱的学生，我就心潮起伏……毕业典礼前一晚，我最后一次前往寝室看望学生，大家都在忙着收拾行李、整理衣物，有些同学坐着不言不语，眼中露出不舍，也有同学在交流，憧憬未来的工作岗位，当然也有同学依旧在玩游戏……从第一次入寝室就在打游戏，最后一次还是一样……当然，当晚的寝室人是不多的，完全理解。大家都在忙自己的事，还有刚从外地赶回来的同学。

孩子们，再见了！扬帆起航去开创新的生活吧！今后不论身处何地，要记得上海第二工业大学哦！这里永远是你们的家，欢迎你们随时回来聚聚、看看、聊聊、诉诉、乐乐。

2016年7月1日

庆祝建党九十五周年

"七一"又至，今年是建党95周年了！非常有幸能登台表演节目，为校内师生以及我党进行庆祝。本周五的庆祝活动中，我们教工合唱团献上的一首《祖国，你是我心中永远的歌》赢得了在场所有人的掌声，至此，我们教工合唱团的演出也阶段性结束了，期待下半年上海音乐厅的表演。

周中，我去了次学校附属的上海市经济管理学校，继续开展社会实践活动，顺利地完成了最后一批问卷。这也意味着这个项目也算是完成一半了。接下来开始数据分析，争取放假前完成。周中还为学生党员的档案工作忙了好久，着手之前犹豫了好久，要不要都帮学生做好。因为我自己也很忙，时间来不及，不想多揽事。最终个性的我还是按照学生方便的方式做了！谁叫我是辅导员呢？就是要为学生服务的。

本周上班期间，一同事向我说道："杨老师，胡老师要我好好向你学习！"

第一反应是有点震惊，我哪里值得他人学习了！大概是因为我太没有自信了，也并不认为自己的工作取得了多么大的成绩。但内心却是很开心的，说明领导对我的重视。不过现在越来越觉得自己太忙了，忙忙碌碌又一学期，没有喘气的机会，做完这件事情紧接着做下一件事情，同时还有自己的事情要忙，以前觉得自己很忙，现在觉得更忙了，而且已经闻到接下来忙碌程度要加倍的气息。

结束学校的事情后，我赶紧做自己的事情，因为周六就要考心理咨询师了，还没复习好呢！于是高强度的临时抱佛脚开始了，下午复习到晚上、晚上复习到深夜，第二天6:00起床后一路上还在看书，终于到了考场，结果发现复习方向有误，答题很困难，只能祈祷上天的照顾了……

2016年7月15日

暑假前的忙碌

毕业班相关工作和"七一"活动结束后,考核工作紧随而来。原本以为不会那么急,结果却是狂轰滥炸,压得人有点喘不过气来。由于领导不在,很多事情还得由我来张罗,天天都忙得不亦乐乎!每天都在准备各种考核材料,同时还要忙团委工作考核,不但要写团工作总结,还要制订团工作计划,似曾相识的节奏。

本周一,开始撰写自己的工作小结,认真回顾了自己一年半的工作,完成了图文并茂的小结,完成后才发现"原来自己可以这么能干",做了那么多事情。除了自己各线的工作内容,还要暂时代理整个学院的工作,一件签聘用合同的工作就搞得我头大,人员不齐、合同填写有误……各种错误层出不穷,让我不知该说什么好;周二还第一次去参加了学工例会,感觉棒棒的。会后及时整理好会议纪要,及时传达给领导、同事。感觉自己像个领导,同时也深深体会到做领导的不容易,工作的繁重程度不是一般人能承受的,不过我仍然憧憬着未来自己也能试试……写完自己的小结后,紧接着就是学院的工作小结了……

前三天认真完成总结加计划后,周四、周五得请假,因为要去参加姑妈的追悼会,也就是说本周只有三天能工作。周四、周五两天不出意外地收到了各类考核邮件,只能周末或下周开展了……

接下来还要完成迎新方案,加油……

篇 二

漫谈思政·青春共奋进

2011年6月底，我和几位大学同学开启了一段"彩云之南"的毕业旅行。在丽江古城游玩期间，我们被当地一家主题邮局所吸引并进入参观。在那里，我看到了有关"中国共产党成立90周年"题材的邮品。听着营业员的专业介绍，内心深处有一个声音告诉我：作为一名共产党员，我应该留一份"90周年"的邮票和首日封，记录下属于我和党组织的故事。从那以后，我便通过一张张小小的邮票，这个特别的载体来关注祖国、了解国家。

　　现在回想起来，我突然意识到"中国共产党成立90周年"的2011年7月1日就是我集邮的开始！也就是这一次"彩云之南"的经历，让我生活中的"红色"更加浓重。这一张张记录着党和国家、人民重要时刻及事件的邮票，不仅让我对党组织的关注更密切，对国家的历史与当下的时事更关心，还以此为载体记录了许多感想与体会。由一开始简短的几句情感抒发，到工作以来的"长篇大论"，一张张邮票、首日封或明信片承载了太多的回忆和故事。

　　工作以来，我对这一爱好更加入迷了，因为除了和自己的老师、老同学、朋友定时联系之外，我又多了一个分享对象，那就是我的学生。与其说是分享，不如说是一种相互学习、交流。最早是从2015年9月开始的，我结合"中国人民抗日战争胜利70周年"，在新生班级开展了一次"青春迷彩，铭记历史"的主题班会，通过回顾中华民族十四年抗战，引导学生们铭记历史并对学生们进行感恩教育，我以明信片为载体开展和人民英雄们的跨时空对话，并将同学们的明信片寄往上海淞沪抗战纪念馆展示。活动很简单，但是意义深刻，得到了全体同学的响应与参与，这次成功的教育交流也开启了当时"杰白无暇"式的思想引领。之后每遇重大节日和纪念日，如五四运动100周年、中华人民共和国成立70周年、《共产党宣言》中文全译本出版100周年、抗美援朝出国作战70周年、中国共产党成立100周年、西藏和平解放70周年、辛亥革命110周年等，我都会撰写时评短文，并通过首日封、微信朋友圈等形式和学生们微互动、微体验。

　　这个载体还能让我紧跟时代步伐，知道自己在哪里。建党100周年时，中国邮政通过20张邮票记录了百年党史的光辉历程，我也通过这套邮票，接受了一堂特别的党史学习教育课。除邮票之外，我也喜欢通过明信片和学生、老同学、朋友定时联系，分享学习、工作状态，相互鼓励。当然，"漫谈思政"也不仅仅基于党和国家的这些重要纪念日，我也不断在拓展范围。日常学生工作中的点点滴滴逐步成为我思考与下笔的切入点，指导部分学生学习与实践的体会、与学生在思想交流上形成的共鸣等也逐渐变成了"漫谈思政"的重要内容。

2013 年 11 月 10 日

一位新辅导员的自我剖析

——2013 年上海市属高校教师岗前培训思考

一直以来,我对自己的定位都是一个追求安定、简单、稳定生活的人。虽然没有所谓远大又宏伟的抱负,但要求自己做好本职工作,哪怕是一份基层工作。我喜欢辅导员这个岗位,因为它与我的经历、性格、爱好相契合。我也十分认同这份职业的成就感与荣誉感。很多时候,我认为辅导员工作更应该发自内心,而不应强调很多外在的因素。比起直接为国家创造 GDP 等重大任务,我更喜欢与学生打交道,在实际中帮助学生。

我能感觉到辅导员工作是有意义的,但同时也对未来充满着不确定性和恐惧。职场有四种人:喜欢一份职业并胜任,喜欢一份职业并不胜任,不喜欢某一份职业并胜任,不喜欢某一份职业且不胜任。职场新人不外乎这四类人,我当然属于前两者中的一种,希望今后的职业生涯里能多多努力学习,争取实现"喜欢一份职业并胜任"。

自毕业前签署了就业协议之后,我也想了很多,对辅导员职位的相关发展方向也有了较为清晰的认识,基本上有三种:转专职教师岗位、转更高的行政岗位、向校外职场发展(公务员,企业等)。结合自身条件,我认为自己今后转专职教师的可能性不大,因为自己所学的专业、所从事工作的专业和所带学生的专业都不相同。另外,本人也不习惯企业的工作模式、环境及其复杂的人际关系,同时,在经历了几次公务员考试后,我发现自己不适合这种"选拔性"的录取考试,而更适合入学类的考试,例如考研,考博等。所以综合考虑,我还是倾向于今后向更高的行政岗位发展,但同时,凭借着对更高学业的追求,如有机会,我也想尝试继续攻读博士学位。结合自己的专业,在职期间我会学习思政教育领域的相关课程,争取读博,努力在思政教育方面立足,特别是在学生党建工作方面留下一些自己的印记。同时也可以成为学生专业学习方面的建议者或学习计划制订方面的导师。

在新时期,高校辅导员工作必定会面临很多前所未有的挑战。新形势下,不断有新的社会现象和观念涌现出来,人们传统的价值观在不断接受洗礼和考验。如果总以一成不变的教育思维去对待学生,就无法实现与时俱进,如果没有切实关注到学生的思想动态的变化,我们的思想工作就很难真正取得成果。在网络、通信、娱乐全面发达的当今社会,大学生面临的心理困惑与就业困难等问题都需要高超、专业化的解决技巧。所以,辅导员工作应该向长期、专业型的方向发展。我会从工作实际出发,探索一些新课题,进修一些相应的学科,完成向合格辅导员的转型。比如,我也对学生的心理健康问题很感兴趣,在职期间我会参加相关培训,定量定性地做一些研究,在必要时寻求更多心理专家的帮助。总之,虽然我不能在各个方面都做得很好,但会努力做好一两个方面,把辅导员工作的某一两个方面做得专业化、职业化。

高校辅导员的工作是非常重要的,有时候甚至比一位教授更能够影响学生的人生。辅导员需要倾注更多的关爱去帮助学生;需要以更强烈的热情与更强大的感染力与他们同喜同悲,一起思索,一起困惑,一起重铸希望,点燃他们的激情,激发他们的梦想。这是份多么了不起的工作啊!所以辅导员是我心仪的职业,我通过自己的努力终于如愿以偿,成为一名辅导员。我愿意在辅导员岗位上扎根,乃至付出更多。我也深知自己今后必定会遇到各种工作上的问题,但我会鼓励自己"别害怕,别担心",并坚信自己一定能很好地克服各种困难。我也会以校为家,努力争做该领域的优秀人物。同时,在任职辅导员期间对上述所说的某个领域进行钻研,获得相关成果,提高自己的资历与职业能力。

2016年8月2日

大学生暑期社会实践 *

写这篇文章是想和大家交流一下大学生暑期社会实践的问题。

先来看看三类"暑期社会实践"：

(1) 今年7月，上海持续高温并打破了145年来的高温纪录。然而青年报、各高校官微等媒体都陆续报道了高温下青年学生认真进行社会实践的事迹。这些大学生们不怕高温，关注社会，深入社会各个领域，论证并解决各类预设的问题。

(2) 有很大一部分学生利用暑假去从事有偿兼职工作，进行他们所谓的"暑期社会实践"，整天起早摸黑，从事着几乎没有什么技术含量、单一、重复性的兼职工作。

(3) "朋友圈"里有好多整天在国内外气候宜人的地方晒出各类吃喝玩乐场景的同学，他们也以他们的方式进行着"暑期社会实践"。

大家参加过暑期社会实践吗？你们的社会实践属于上述三者中的哪一种呢？

大学生的暑期应该怎么过？这其实也是高校学生工作者们一直在关注的问题。答案其实很简单：要去社会实践！但是现实是，大学生的暑期社会实践现状不容乐观：据我个人所知，参加上述第一类暑期社会实践的学生比例较低；虽然许多大学生都在团委的指导下参加了"暑期社会实践"项目，但是覆盖面还是有限的。有相当一部分的暑期社会实践项目都是在校园内完成的，甚至都没有真正踏入社会；更有些是为了实践而实践，效果可见一斑。

---

* 本文写作之际，作者正带领学生团队在澳大利亚悉尼开展短期游学活动。

大学生为什么要参加暑期社会实践？在我看来有三层重要意义：认识社会、学以致用、初定就业方向。做到这三条也是成为一名合格大学生必备的条件！

1. 深入社会，认识社会，拓宽知识面

对于即将踏入社会的大学生而言，暑假有着特殊的意义，绝不能和中小学生的暑假相提并论。利用好暑假的时光，深入社会增长见识对今后的成长非常关键。相比中小学生，大学生的阅历已有了一定提升，但仍不足，社会知识面也不足。书本上提到的国情、民生、经济等方面我们似乎都体会不到，感触也不深。不妨利用寒暑假去走走，看看祖国，对爱国之心、社会之责任的理解或许会更加深刻。就像我们学院今年的一名毕业生，在经历了种种社会实践以及各类志愿者工作后，他更加意识到自身的使命，毕业后坚定不移地参加了"西部志愿者"计划，投身到了祖国西部建设中。社会实践会让人更快地从一名普通大学生走向"社会人"。

2. 学以致用，从"外行"看到"内行"

我不时会听到社会、家长、用人单位质疑大学毕业生专业知识不扎实、为人处世不擅长、不能较快融入工作岗位的声音。我认为最大的原因在于理论学习之余，大学生的实践学习不足，大学生为自己创造的将所学专业知识实践于实际专业工作领域的机会太少，大多数人都是从毕业前的就业实习阶段才开始，为时有点晚了，专业认同感自然也不会太高。如果能利用漫长的假期，提早接触相关实践，不仅能够巩固专业所学，也有助于学生带着问题去学习，取得更好的学习效果，而且对于本身专业的理解也会从一个"外行"的视角转向专业"内行"的角度，有利于自身职业发展。

3. 就业方向的"拒绝"与"接受"

对于大部分大学生而言，毕业后都是要进入社会就业的。在学期间在对职业进行规划的过程中难免有不确定因素，也会有问题和犹豫，所以需要尝试与体会。"社会实践"这个平台就能很好地处理这些问题，会让你在"拒绝"和"接受"中进行选择或转化。今后是否要从事本专业的工作，不妨趁着假期先让自己试试，说不定就能解开心中的疑惑，而不是在毕业就业时还在举棋不定。事实也证明，那些积极参加社会实践的同学就业质量也更高。

　　没错,讲了这么多归根结底还是那句话:大学生要走出校园,踏入社会,进一步认识社会,认识自己,规划未来! 短暂的暑期社会实践终究是为了今后的"大实践"。从小到大,老师们都说寒暑假要过得充实有意义,大学里的暑假更需要这样,因为它不仅仅是值得我们骄傲与自豪的回忆,更是我们美好青春篇章的起点。

2017 年 3 月 4 日

做"名牌大学"的学生还是做"名牌大学生"？*

前两天在"辅导员说"平台上读到了同事的一篇文章《那一纸证书的含金量究竟是多少？》。心里感触颇多，静下心来后，脑海里冒出来的是：该如何评判那一纸证书的含金量？

相信大多数人还是以"名牌大学"作为衡量的标准吧？又有多少人以"名牌大学生"作为标准呢？当未来的你拿到这一纸证书时，你是否看到那个在仰望星空的同时又脚踏实地向前奋进的自己？还是说你只是"混"到了这一纸证书？作为一名学生工作者，每学期我都会遇到身背"学业警告"，甚至提出退学申请的学生，也会看到很多"碌碌无为"的在校学生。究其原因，我想这可能与"学习环境"有一定关系，因为不良的学习环境可能会扼杀学生的学习动力。

青春路上，希望常在，但现实中我看到的更多的是无奈、不阳光、不活跃。我们姑且相信"年龄越大越现实"这句话，但是你们也就 20 出头的年纪，都是青春洋溢的大学生，怎么就那么"成熟"，那么"现实"，那么"社会"了呢？

和老师谈现实，谈社会，谈困难，谈学校层次，讲得头头是道，

试问，每天低头看手机、玩游戏的你，怎么能仰望星空？

试问，每天怨天尤人，郁郁不得志，怎么能脚踏实地？

试问，三年、四年的碌碌无为，怎么能让社会接纳你？

---

* 本文在"辅导员说"平台发表后先后被上海第二工业大学校报，团委、各二级学院官微以及部分其他高校相关学生工作微信公众号转发推送。如商丘工学院学生事务服务中心、"瞻彼日月说"、"胡老师的红色驿站"等，具有较高的阅读量与评论，在校内产生了较大的影响。本文曾被收入《那些和青春一起盛开的花：大学·社会·洞见》，北京：中国青年出版社（2020 年），并获得了2017 年度"上海市高校校报好新闻评选（评论类）"三等奖。收入本书中作者略有修正。

　　十年前,我压着二本线进入本市一所再普通不过的二本学校,入学之后发现连宿舍和教学楼都是租借外校的! 说到这里,大家会不会觉得难以置信? 不错,我就是在这样的学院里开始了大学生之路! 虽然有过退学、复读的想法,也曾受到过家庭的负面评价,但是老师和同学们的引导与关怀让我发现:虽然没有名牌大学的光环,但是不妨碍我做个"名牌大学生"。"名牌大学生"之路让我看得更远,想得更多,做得更多,成长得也更快。

　　相比那一纸每人都有的毕业证书,我更引以为豪的是"上海市优秀毕业生""研究生国家奖学金"等证书,因为这是对我在学期间所做努力的充分肯定!

　　相比那一纸大部分人都有的学业奖学金证书,我更引以为豪的是本科期间和导师一起做实验并发表的学术论文,以及读研阶段一篇篇独立完成的学术论文,因为这是我专业学习成果的充分体现!

　　相比各类校级荣誉称号,我更引以为豪的是"世博会优秀'小白菜'""暑期社会实践先进个人"等证书,因为它们是我肯于并敢于锻炼自己的最好回报。

　　记得当年在犹豫是否去兰州一所普通学校读研的时候,我的辅导员胡老师曾说:"书,在哪里都可以读,但去兰州,你还可以去看看祖国的西部,开阔一下视野。不要退缩!"我希望能让更多的学生领悟这个"哪里"的真正内涵,这也是我做辅导员的初衷之一!

　　趁着生命中最年轻的时候,加油吧。"那一纸证书的价值不仅在于帮你找一份体面的工作",更是记录你仰望星空追逐梦想,脚踏实地奋勇前行的珍贵凭证! 再回首,这些成就更值得回味,看今朝,吾辈当勉励自己继续努力!

2017 年 3 月 21 日

优秀毕业生究竟该怎么评？

今天工作之余，我发了一条朋友圈：

"今天可能是我职业生涯里最辛苦的一天！"

主要是因为毕业班评优秀毕业生时出了些小问题，同学们不满意结果，开始"闹脾气"了。仔细回想后发现，评选过程中确实有小失误。在解决问题的同时，我也趁热打铁，做个小结。

相关学生、班级基本情况

施同学：女，班长，积极参与基层实习、就业工作，大学三年里服务班级开展各类工作；叶同学：心理委员，成绩优秀，积极准备升学考试；翟同学：中共预备党员，成绩优秀，专业竞赛能力突出；陆同学：班级普通一员，成绩优秀，积极准备升学考试；张同学：班级普通一员，立场坚定、能言善辩、成熟老练。

班级背景：2016 年 9 月新辅导员接手该班级，毕业班各类学生工作正常开展，没有出现任何突发事件、极端案例。2016 年 11 月该班级获得"优良学风示范班"荣誉。大部分学生为上海生源、中专生源，自我荣誉感强、维权意识强。

班级人际关系：因为是入学后重新组合的班级，该班学生没有像传统班级那样集中安排宿舍，仍然照原来入学时的安排住宿，班里的学生分布在各个专业宿舍中，只有平时上课时才会聚在一起。导致的结果就是学生在生活园区接触不多,宿舍里的同学课程各不相同,缺少了相互督促、提醒的环节,班级成员几乎都是各管各的。班级学生间的感情也不够深。

案例发生过程、处理与结果

2017年3月初,毕业班开始"优毕生"荣誉评定工作。辅导员初定候选人后,经班级网络投票确定了2位当选人。但是,随后4位学生不约而同地向辅导员投诉、反映相关问题,认为当选者之一的施同学不应该成为优毕生,理由很简单:施某平时的种种表现不符合参评条件,虽然是班长,但是从总体表现上看,其他同学比她更合适。辅导员不能偏袒施同学,同时他们四人都表示不是为自己争取荣誉,只是表达客观事实。

其中一名反对者叶同学(该生为2位当选人之一)则认为辅导员在这次评选工作中采用的方式方法欠妥,对此表示遗憾。

与此同时,各方在网络平台开展了激烈的争执,眼看着局面就要失控。

3月20日,为全面了解候选人所在班级同学的意见,辅导员与全班同学进行了谈话。最终了解到的情况是,对于施同学当选"优毕生"一事,班级中持赞成与反对意见的同学大约各占五成。基于此,辅导员认为该班需要重新讨论确定"优毕生"的人选。

辅导员也面谈施同学,听取了其本人的看法。该生认为,学业上她确实得到了班里很多同学的帮助,作为女生,她一直以来都在很努力地学习本专业课程,并不像反对者所说的那样不求上进,不过她本人也表示更愿意叶同学、翟同学入选。

反对者之一翟同学在与辅导员谈话时认为:几位候选人是能够代表班级同学的意志的,但作为最终的当选人,其他同学比班长施同学更合适,希望辅导员重新考虑。翟同学同时表态,作为一名党员,他自己不会参评,更希望陆同学、叶同学当选,他也愿意协助老师解决问题。

3月21日,相关学生去党总支副书记处协商解决问题的办法。当日下午,辅导员建议班级学生代表、"优毕生"候选人开会进一步讨论"优毕生"人选的问题,最终双方各让一步达成一致:

以张同学为代表的反对方表态:这件事情占用了大家很多时间与精力,

但大家并不是在无理取闹。"优毕生"的评选最终还是要从基本评选条件出发，回归品学兼优这一最重要的评选条件。班长确实为班级做了很多事情，这一点值得肯定，但是综合考虑，确实有其他同学更合适。

施同学则对反对方的意见持保留意见，同时表示自己不再参评该荣誉，愿意把机会给其他同学，但是她反对陆同学、张同学入选。最后，她表达了对班级的看法——作为班里唯一的女生，自己为集体做了很多事，问心无愧。

最后，大家一致同意翟同学、叶同学、单同学当选"优毕生"。

辅导员的思考

今年已经是作为辅导员的我连续第三年带管毕业班学生了，前两年的"优毕生"评选都很顺利，没有出现问题，虽然也听说相关工作中出现过一些问题，但大多不需要辅导员参与解决，所以也没有过多关注过。这次辅导员也认为自己是个"老手"了，这项工作不会有问题。然而，今年的评选却出了很大的问题。

通过这次事件，学生工作者们可以发现，对于大学生而言，"优毕生"是他们极为重视的一份荣誉，其重视程度已经超过了各类奖学金甚至其他更高级别的荣誉。这是一份需要在真正意义上综合考虑各方面因素后进行评定的荣誉，也是辅导员三年学生工作是否深入、细致的最终体现。

案例里的相关同学都是班级里各方面比较突出的学生，自身都有强烈的当选"优毕生"的愿望，然而，过去三年中积累的各类矛盾在本次评选工作中爆发了出来。经过深入了解，我们发现施同学确实存在一定的问题，但是也不至于像张同学等人所说的那样极端。因为这件事情，相关同学专升本复习的专注力大幅下降，实习的同学无心前往单位工作，原本班级中不太关注这件事情的同学也产生了负面情绪，认为辅导员没有处理好这件事情。

1. 原因分析

（1）辅导员的主观倾向过强。回顾本次"优毕生"评选风波，首先，辅导员感情用事的问题较为严重。在评选过程中，辅导员更倾向于让和自身比较熟悉、对班级贡献较大的同学当选，所以当有反对声音出现时，辅导员坚持己见，并且为了维护自身权威不愿意做出调整，与反对方展开了激烈辩论。这是评选进入僵持的重要原因。

（2）未重视班级学生的意见。为了简化本次评选工作，辅导员没有进入班级开展评选，而是在网络平台完成了整个过程，甚至没有注意到有些同学没有参与，后来这成了反对者的理由。

（3）公正、公开、公平原则执行得不够彻底。虽说按照评选标准确定了候选人，但是还是以主观为主，从投票到最后确定人选，各个过程中都存在一些问题，并且没有给学生充分的表达意见的时间。

（4）对班级学生的了解不够深入。学生入校的最初两年是由别的辅导员一路带过来的，原辅导员对于每位学生都比较了解，对学生的群众基础、特点等也很熟悉，开展各类工作时能准确把握，问题不大。然而新辅导员是在学生升入毕业班后才临时接手的，由于前期的工作未参与，接手后的大部分工作都是在几位班干部，特别是班长的协助下完成的，虽然各项工作都完成了，但是与以往相比，还是存在一定的不足，最终导致了这个意外结果的发生。

2. 总结相关工作经验

（1）候选人确定。评选文件下发到班级，在规定的时间内接受学生申请，辅导员则根据评选文件的要求确定所有符合条件的候选人。

（2）候选人公示。所有符合条件的候选人需要在班级内公示，公示期间接受同学的意见反馈。要重视学生的反馈意见，分清性质，确定是主观意见还是客观群体性意见，公示期结束后，由班委、普通学生代表、辅导员共同讨论是否将公示人列为候选人，如有必要也可征求相关任课教师的意见。辅导员需要和相关学生反馈，告知情况，听取学生本人的意见。

（3）公开竞选与投票。在班级中召开评选大会，所有候选人上台参与竞选答辩，全班同学投票选出入选者。

（4）入选人公示。对入选的学生进行公示，在一定的时间内接受班级同学最后一次意见反馈（禁止各类结帮拉票行为，一经查实，实行一票否决制，上报学院），如无异议则即刻上报学院审批，进入下一道程序。

（5）后续工作。确定入选人后要及时做好对落选学生的安慰与心理疏导等工作。

2017 年 5 月 1 日

我是辅导员，我为自己代言*

记得当初我以新进辅导员的身份刚来到二工大这个全新的环境中时，还掩饰不了自己稚嫩的气息，尽管我充满了干劲与憧憬，但工作中还是出现了各种问题。转眼间工作快满四年了，如今，我可以自豪地告诉自己，我已经能够独当一面了！

过去这四年是我人生中变化最大、成长最快的四年，当然，也是最忙碌的四年！家庭生活中，我有妻儿相伴，生活幸福美满；工作中，我也从一名默默无闻的辅导员逐渐成长为"多肩挑"的学生工作者。作为专职辅导员，我认真完成本职工作，全心全意为每一位学生服务，带领三届毕业生走出校门，踏入社会。2014 年末，承蒙学院领导的信任，我开始兼任学院共青团工作，成为一名兼职团干部。2015 年 9 月，我又肩负起学院学生第一党支部书记的重任，成为一名党务工作者。

我在工作中的所有成绩和收获都是我敢于抓住机遇，敢于接受挑战，努力奋斗的最好回报。作为一名教职工，我获得过考核"优秀"的荣誉；作为一名辅导员，我获得过"就业先进个人"等多项荣誉；作为一名团干部，我带领学院青年获得"2016 年度上海市五四特色团委"荣誉；作为一名学生党支部书记，在以"志愿服务"为核心的工作理念的指导下，我们的"青春迷彩，铭记历史"组织生活案例获得了"2015 年校优秀组织生活案例"。

作为一名年轻的共产党员，我是幸运的，因为组织给我提供了这么好的发展平台，给予我锻炼机会的同时，也给了我无数的关怀、鼓励与肯定。所

---

* 本文为作者参与 2017 年上海第二工业大学"喜迎十九大，畅谈新变化"征文活动的稿件，收入本书中略有修正。

以,我除了认真工作来回报组织外还能做什么呢? 我清晰地记得我来做一名辅导员的初衷:因为我在大学生活中遇到了一位很好的辅导员! 如今我也传承了她的爱岗敬业精神。我也清晰地记得我的决心:我来做辅导员,绝不逃跑! 这是当初面试中我说得最具分量的,也是发自内心的一句话。

前段时间我写了一篇题为"做'名牌大学'的学生还是做'名牌大学生'"的文章,在其中提到了这样一句:"趁着生命中最年轻的时候,加油吧。'那一纸证书的价值不仅在于帮你找一份体面的工作',更是记录你仰望星空追逐梦想,脚踏实地奋勇前行的珍贵凭证! 再回首,这些成就更值得回味,看今朝,吾辈当勉励自己继续努力!"其实这些话同样也适合如今的自己。四年一轮回,回首过去,机遇与挑战与我并存,坚持与奋斗与我相伴,期盼与憧憬与我相随。放眼当下,我将总结经验,在辅导员事业中继续前进探索,争取更上一层楼。我愿意在接下来的每一天和学生们在一起,共勉共进步。我不会忘记,奋斗的青春才最美丽!

2017 年 5 月 27 日

祖国的宝岛，我来啦！

为期一周的中国台湾学生事务交流活动顺利结束了。这是我第一次踏入祖国的宝岛台湾，圆满完成本次学习与交流任务之余，也更深入地了解了台湾这个美丽的岛屿。

依山办学的龙华科技大学是我们此行的目的地。这所学校十分特别，从一个建筑去到另一个建筑基本上都要走阶梯。进校门后，为了去"学务处"会议室，我们走了不知道多少级的台阶，这对我们的体力提出了很大的挑战，抵达时，同行的王老师已经汗流浃背了。接待我们的老师似乎也听到了我们关于台阶的讨论，然而他却很自豪地告诉我们：

"别看我们是开在山间的大学哦，我们的设计很人性化，坐轮椅也完全可以无障碍走遍校园的每一个角落。"

说完就为我们介绍每一座教学楼无障碍设施的分布和设置，让我们深刻体会到了学校以人为本的理念。

龙华科技大学为我们安排了满满的学习课程，其中和我们的本职工作息息相关的学生事务管理自然是我特别关注的。龙华科技大学的做法也确实值得我们学习、借鉴及尝试。

1. 12 小时的劳作教育

印象最为深刻的是他们的"劳作教育"。每周 12 小时的劳作是学生毕业的必要条件之一。而且他们的劳作不是简单地打扫教室卫生，而是涉及校园里的一草一木，甚至包括他们自己种植的农作物。龙华科技大学的老师很自豪地向我们介绍，学生每周定时从山脚徒步走上山顶，完成校园劳作，这一课程的设置让同学们在大学四年里练就了健康的体魄。

2."三维一体"的学生个体辅导团队

交流学习期间让我们觉得最有特色的是龙华科技大学"三维一体"的学生个体辅导团队。与大陆高校为每名学生设对应的辅导员不同,龙华科技大学在学生四年的求学生涯中,为每名学生设有包括教官、职涯导师以及专业导师在内的三位辅导老师。与学生有关的所有事务工作都需要三位老师的介入与审批。从一定意义上讲,这种模式对学生的思想工作、安全及稳定教育具有更好的效果。学生在生活园区的服务保障方面,"教官"起着举足轻重的作用。此外,小到卫生管理员,大到校长,校内大部分工作人员都在学生宿舍工作群里,学生在群里反映的各种宿舍问题都能在第一时间得到解决,学生们在群里对于很多问题的讨论、吐槽也会有老师及时关注、跟进和解决。学习之余,我们抽空前往学生宿舍,实地考察了这套管理模式,也特地去看望了我们学院的两位交换生,向他们送上关怀。

3.核心竞争力的引入

在学生培养方面,龙华科技大学采用了"知识 K""技能 S""态度 A"并进的学生培养模式,并引入了核心竞争力这一测量体系,通过该体系对学生的综合能力素质进行测评。"态度 A"是在前两者的基础上以指数幂的形式递增,即 $C=(K+S)^A$,由此体现了"态度"的决定性作用。就我的理解而言,"态度 A"与我们的思想品德非常相似。

走在校园里,我们不时会看到一些学生在下象棋,为了一兵一卒而斗智斗勇,也频繁遇到三五成群的学生在交流学习问题。这些让我眼前一亮,在校园里下象棋,这可是很难见到的啊！还有学生在拉二胡等各类传统民族乐器,吹拉弹唱,好不热闹。感觉一切都是那么熟悉,却又似乎有点陌生。

往返于住所与学校时,路上看到的不仅有来来往往的汽车和机车,还有清一色的楷体文字路牌、广告牌等,在我的印象中,这就是传统街道的样子。在台期间恰逢端午节和当地庙会,随处可见的奏乐、弹唱、舞狮等庆祝活动让整条街上洋溢着浓厚的节日氛围。这里对于传统节日的纪念、风俗习惯的传承确实做得很好。这也对我有很深刻的教育意义。

2018年11月10日

首届进博会,有缘千里来相会

2018年6月,经个人报名、学校委派,我成为进博会第二批长期管理岗位志愿者,并于8月22日至11月30日在博览局论坛处参加虹桥国际经贸论坛的筹备工作,同时协助部门完成其他相关工作。随着11月5日进博会首日开幕式和平行论坛的圆满落幕,我的志愿者工作也取得了阶段性的胜利。截至11月11日,我已为进博会服务80日,累计时长近1000小时。

在进博会服务期间,我自始至终坚守岗位,很好地履行了志愿者的基本职责。在虹桥国际经贸论坛的筹备工作中,我主要负责论坛招商渠道注册嘉宾的联络,需要对接"央企交易团"33家单位、11个"地方交易团",对嘉宾进行问题解答,同时协助注册、缴费、证件发放等工作,以保证进博会首日开幕式和平行论坛的顺利进行。同时,我还承担了会期招商小组学生志愿者管理等其他相关工作。近一个半月来,我与嘉宾累计往来邮件500余封,电话400多通,接待相关单位3次,并汇总了所有98家央企324名收费参会代表的相关信息,整个过程中做到了0错误、0投诉。我对他们的信息做到绝对熟悉,为后续的证件发放、现场引导等工作奠定了基础。

立足本职工作的同时,我也在不断思考和完善自己的工作方式与方法。招商会议后期,我除了要汇总个人责任范围内的数据外,每天还需要汇总本小组98家央企和37个地方交易团的预报名情况并上报。这项工作看似简单实际上却充满了压力和挑战。随着数据不断增加,统计汇总的要求也不断发生变化。从最早的30多条数据到最后将近800条数据,以及数不清的需要替代、删减、修改的数据,庞大的工作量让我不得不思考如何提升数据汇总的有效性和准确性。通过积极向领导请教、学习,我从调整表格字段、增加函数、更新标注、对学生志愿者进行合理的分配与使用等方面着手，不断改进工作方法，让数据汇总不断完善、逐渐清晰、逐渐完美，较好地完成了这份工作。

服务进博会的同时，我也没有懈怠学校的工作。作为学生党支部书记，我于9月19日返校在学院层面开展了一次名为"进博先锋，党员行动"的专题组织生活会，从"进博会简介、志愿者工作、进博会近期工作、Q&A"等四个方面结合工作中的小故事和案例，与大家分享我在进博会工作期间的心得体会，将进博会最新的官方信息传达到学校并号召大家一起携手关注进博、奉献进博。

10月22日，在开始志愿者工作满两个月的这一天，我专程挤公交两小时从"四叶草"返回二工大参加全校进博会志愿者的誓师大会并发言，分享自己工作中的点点滴滴，勉励二工大的"进宝"们心怀"四个意识"，展现二工大"厚生、厚德、厚技"的文明形象，为进博会贡献二工大的青春力量。

我是一名进博会志愿者，但我不是一个人在战斗。这次志愿者工作得到了校内师生、家庭、论坛处等多方面的全力支持。最让我感动的是，好几次我从进博会下班返校加班时，办公室老师们已为我打包好了晚饭，希望我能尽快完成工作回去休息。有一次我在工作中生病，疼痛难忍时，几乎所有的志愿者都来帮助与支持我，他们为我提供应急药品，主动帮我顶班等，让我感觉这是人生最温暖的时刻。

最后，我想借此机会表达内心的感激之情。感谢学校推荐我率先参加这项不一般的盛会，感谢原单位各位同事的协助，帮我分担了那么多的校内工作，让我可以全身心地服务进博会。当然，更要感谢论坛处各位领导们的用心教导。论坛处李处长教导我们："任何一件大事，背后都是由无数小事组成的，哪怕是一个茶杯的摆放，都不容忽视。"这次进博会的经历，让我更深刻地理解了"质变与量变"的哲学概念。作为一名高校学生工作者，我要学着沉下去，学着做一个会做小事的人。

看着会场里落座的各位央企参会代表，凝视着手中做了详细标注、各种信息一目了然的代表汇总表，我感到非常激动与自豪。这是我近一个月来的工作成果，无可替代！作为一名普通公民，能够亲身参与一项国家大事是幸运的，也是值得骄傲和自豪的；作为一名党员，能够承担一项政治任务，让自己的名字和国家大事联系在一起，是一份多么巨大的荣耀；作为一名高校学生工作者，能够通过身体力行，投身志愿工作，舍小家，为大家，为国家，是对学生最有效的教育方式，更是对全国教育大会精神的一次具体实践。

2019年1月27日

从红色打卡到偶遇党员徽章的故事*

"党员之家"共瞻"一大会址"

寒假伊始,刚刚加入党组织不久的弟弟小虎来家里玩。当被小虎问到可以去哪里转转看看时,我的第一反应是:要不要去一大会址看看? 北方的孩子应该没去过吧……

我的提议得到了大家的一致认可。就这样,我和妻子、孩子带着岳父、小虎一行五人来到兴业路,接受了一次红色教育。五人中除了年幼的孩子,其余四人均为党员。四人中只有我多次来过这里,因此我很自觉地承担起了讲解工作。来到大厅党旗前,我们集体肃立片刻,表达了对党的敬畏之情。

从大厅党旗开始,我向小虎讲述了党的十九大之后习近平总书记带领其他中央政治局常委在此宣誓的场景,接着讨论了十九大报告最后一段"青年和国家"的关系。进入展厅,我们讨论了我国最早传播马克思主义的李大钊同志以及他和新文化运动、五四运动的关系。我们谈到了第一版共产党宣言译本封面错版的小插曲、一大13位代表的故事等。讨论到张国焘等几位代表叛党、退党的事件后,我们也不忘互相告诫,一定要不断坚定理想信念。展厅最后有一道缅怀墙,上面展示了我党近百年来各个阶段的"英雄人物"。其中很多人物我们并不熟悉,甚至不认识。岳父作为一名退休工人和老党员,为我们讲解了很多人物背后的故事,给我们三个年轻的党员上了一

---

* 本文被收录至上海第二工业大学"2019年度辅导员队伍建设月"优秀网文合集。

堂生动的政治课。

其间，我很自豪地跟小虎说起了我所培养并发展的一位学生党员毕业后在这里做讲解志愿者的故事，并分享了以前我积极入党过程中的一些故事。参观完毕后，我对他半开玩笑地说："第一次来到一大会址瞻仰，收获和体会一定很多吧，看来这个季度的思想汇报应该会很丰富哦……"

牙医的党员徽章让我更安心

第二天去牙防所修补牙齿。因为到得比较早，我便到大厅看了看牙医介绍，里面有医生的年龄、职称、政治面貌、擅长领域等信息，一来打发时间，二来缓解一下上午去三甲医院就诊失败的焦虑。护士叫号后，我进入了候诊室，第一眼进入我视野的是医生佩戴的那枚闪亮的"党徽"，脑海里迅速回想起刚刚在大厅看到的医生介绍……我居然遇到了一位党员牙医，这让我格外兴奋！简单交流情况后就开始检查了。

"可以先尝试修补，如果碰到牙神经，那就只能做根管治疗了。"
"好的，医生，谢谢您。"

我的牙齿虽然已经蛀得很厉害了，但是一切都非常顺利，修补过程中竟然没有碰到任何牙神经，补一下就好了，大概是因为连牙齿也被感动了吧。

"注意留心这颗牙齿，如果以后觉得疼痛，那还是要做根管治疗哦，另外，要注意使用牙线，多处牙齿间隙处有轻微蛀牙。今天不能再补了，预约节后来修补可以吗？"
"好的……非常感谢您。"

印象中，这是我第一次和佩戴党员徽章的工作人员直接接触这么久。医生全程态度很好、耐心细致，让我很放心、很安心，也没有钻头造成的紧张

感。在这样的氛围下，我开始"反客为主"，主动向医生咨询各类问题，不担心医生不耐烦，也不用顾虑医生不认真回答。最后，我顺利完成了补牙以及口腔检查。

　　一次打卡，一次就医，虽然只是简单的两则故事，但是让身为党员的我自豪感油然而生，让我更敬畏中国共产党，更敬畏每一位辛勤工作的党员！自豪之余，也让我更加增强了"看齐意识"和"责任意识"。"补牙遇'党徽'"的经历让我深刻体会到了党员的"强大"作用，进一步理解了"亮身份"的含义——不仅能给被服务者安心、放心的感觉，也对亮身份的人提出了更高的责任要求。"打卡一大会址"让我再一次理解了责任意识，即共产党员需要有不断学习的责任意识，以及传承和教育年轻党员的责任意识。作为新时代的共产党员，参加红色打卡，进一步学习党史文化，接受党史文化的熏陶只是第一步，更重要的还需要从基本的"爱岗敬业"做起，在实践中做到传承并发扬红色文化精神。从党史文化和自身实践两方面共同努力，引领自身增强"四个意识"、坚定"四个自信"、做到"两个维护"，逐渐成长为一名能够让群众安心、放心的共产党员，为党徽争光，为党旗添彩。

　　我想：您也是放心让"党徽"来给您看病的，对吧？

2018年5月19日

明天，你也会是劳模 *

各位青年朋友们，大家下午好：

我是上海第二工业大学的杨超杰。今天为大家带来的团课题目是"明天，你也会是劳模"。

2018年12月18日，在庆祝改革开放40周年大会上，包起帆被授予"改革先锋"荣誉称号。在这里，我想问问同学们，你们认识包起帆吗？他是谁？

包起帆是全国劳模。1981年毕业于二工大起重机专业。今天，我们一起来探讨包老师是如何从一位码头工人成长为全国劳模的。

通过二工大校园里的"包起帆创新之路展示馆"，我们不难看出包老师的成长之路，其实就是一段以实际行动践行社会主义核心价值观的道路，包老师用自身的经历生动地为我们诠释了"爱国、敬业、诚信、友善"的内涵。

包老师的爱国不是空喊口号挂嘴边，而是体现在实际行动上的。在"集装箱-RFID货运标签系统"走向世界的过程中，包老师经过了五次的反复提案终于获得成功，实现了为国争光的梦想。

同学们，我们国家能够实现从站起来，富起来，再到强起来的伟大飞跃是每一位中华儿女努力奋斗的结果，以自己的实际行动服务祖国，就是爱国，是心之所系、情之所归。

包老师的敬业精神令人敬佩。在发明木材抓斗的过程中，他经常是连续三五天不回家，坚持在码头上工作，累了车间躺一躺，饿了馒头啃一啃。正是在这种舍小家为大家的敬业精神的支撑下，经过三年的努力，"抓斗大

---

* 本文为作者参与2019年上海市高校基层团干部技能比武大赛复赛微团课环节的宣讲稿，收入本书时略有修改。

王"的美名誉满全国。

大家也需要问问自己,我们是否也坚守本职工作了呢? 有没有主动学,不断学,学好理论知识,把握专业前沿? 如果不认真学,谈专业认同、谈创新、谈实现自身价值还有意义吗?

包老师曾经在飞机延误8小时、天降大雪的情况下仍然遵守约定,赴约和外商讨论码头冷库建设事宜。他的诚信行为打动了外商,冷库建设顺利开展。

做一个诚信的人,是成功的基础。在大学里,如果有考试作弊、抄袭论文等突破了底线的行为,一经发现,追悔莫及。大家说是不是?

包老师给自己定了个规矩:把所有个人所获的奖金、专家津贴等都用于对企业困难职工的帮助,不留一分钱。他对于劳苦大众始终保持着怜悯与友善之心,一直坚持与大家同甘苦,共患难。

同学们,做一个友善的人不难,难的是做一辈子友善的人。美好的青春年华里,我们需要有意识地培养自己成为向上、向善的好青年,从小事做起,从同学间的友爱做起。你愿意吗?

包老师的四个故事充分说明了成为劳模其实并不难,关键是要落小、落细、落实。今天,对于我们青年大学生而言,只要我们谨遵习近平总书记在纪念五四运动一百周年大会讲话中指出的"树立远大理想、热爱伟大祖国、担当时代责任、勇于砥砺奋斗、练就过硬本领、锤炼品德修为"等六个要求,在实践中坚持德育智育并重,理论实践同行,传承劳模精神,争做大国工匠,努力践行社会主义核心价值观,那么,在座的各位,明天你也会是劳模!

谢谢大家!

2018年10月20日

让二工大的青春力量绽放在进博会 *

尊敬的各位老师、亲爱的志愿者们，大家好：

我是高职（国际）学院辅导员、进博会长期管理岗位志愿者杨超杰。

非常有幸能以进博会志愿者的身份在这里发言。6月底，经个人报名、学校推荐，我有幸成为首届进博会长期岗位志愿者并于8月22日起在进博局论坛处开始志愿者工作。非常巧合的是，今天正好是我开始志愿者工作满两个月的日子，能在这个特殊的日子回到学校进行发言，与同学们做分享，我感到非常有意义。

能成为146位长期志愿者中的一员固然幸运，但对于我来说这更多的是一种责任、压力与挑战。进入进博局以来，我虚心接受带教老师指导，积极主动学习，认真完成各项工作，及时总结与内化，很好地融入了团队。

现阶段，我主要的工作是作为联络员，与33家央企和10个省份交易团近500位参会代表进行联系。当然，除了这项工作之外，我还协助部门完成其他各项工作，我曾经接待过中宣部领导，也徒手为论坛现场工人送过累计约300份工作餐。

很快，大家也要前往"四叶草"，开始这项不一般的志愿者工作，在此我向大家提出四点希望与要求。

第一，认真学习，树立政治意识。出发前，希望大家做好功课，熟悉进博会及其举办背景，掌握其性质，了解其政治意义。我们服务的是一项国家大事，是一场主场外交行为，有别于以往任何一场志愿者活动。

＊ 本文是作者作为教师志愿者代表在上海第二工业大学首届"进博会"志愿者出征仪式上的发言稿，收入本书时新拟定了文章标题。

第二，遵守纪律，牢固核心意识。我们工作的地方高度警戒，希望大家不要做和志愿者本职工作无关的事情，我们不经意的行为，可能会引来不必要的麻烦。大家需要铭记：我们的一言一行，不仅代表学校，也代表上海，更代表国家。

第三，坚守岗位，明确大局意识。我们正在做的是一项政治任务，大家共同的目标是为进博会的胜利召开而努力，我们对每位工作人员的各方面要求都比较高。因此，工作过程中可能需要我们做一定的牺牲，希望大家做好面对困难的心理准备。

第四，珍惜机会，增强看齐意识。认真并准时完成本职工作，如果遇到问题，要第一时间报备，及时进行调整。同时，进博会的所有工作人员和参会代表都是各界的优秀人士，这是一次难得的展现自我、认识自我、提升自我的机会。

同学们，让我们一起携手，全情投入进博会，展现二工大"厚生、厚德、厚技"的文明形象，为进博会贡献二工大的青春力量。

借此机会，请允许我再次表达内心的感激之情，感谢学校，推荐我率先参与这项不一般的盛会，感谢各位同事们的协助，帮我分担了那么多的校内工作，让我可以全身心地服务进博会。在过去的 60 天里，进博局的工作节奏越来越快，没有周末、夜以继日地工作已成为常态，但是我们有心有爱有情怀，有决心有能力为完成这项伟大的任务而努力拼搏！

倒计时 14 天之际，在这里我再次承诺：我将继续努力工作，不负使命，认真做首届进博会最小的螺丝钉！

我的发言完毕，谢谢大家。

2019 年 10 月 10 日

致敬脱贫奋斗者，青年砥砺向前行*

2019 年 6 月 16 日，年仅 30 岁的年轻生命被无情的山洪带走了。而立之年，正值青春，本该是开启人生新阶段的美好年龄，然而，黄文秀的生命却停留在了这里，停留在了脱贫攻坚的伟大战线上。10 月 10 日，中共中央追授黄文秀同志"全国优秀共产党员"称号。

在认真学习黄文秀同志的先进事迹后，我的泪水止不住地流下，内心久久不能平静，深受感动的同时也进行了深刻思考：人生的意义究竟在哪里？我们每一位新时代青年该怎么做？黄文秀同志用生命给出了答案。正值"不忘初心、牢记使命"主题教育期间，我想从"守初心、担使命、找差距、抓落实"四个方面来追忆百色女儿黄文秀，致敬广大脱贫攻坚奋斗者！再思学工初心，青年砥砺前行！

守初心

黄文秀同志的硕士论文写的是家乡的民族教育事业，选题前充分的实地调查展现了她"知识还乡，反哺老区，脱贫致富"的初心和使命。和黄文秀同志一样，我也是为了党的重要事业坚守在岗位第一线的党员，我清晰地记得自己为什么选择学生工作，那就是感恩辅导员，传承辅导员使命。我也清晰地记得 2013 年入职面试时自己立下的"我来做辅导员，绝不跑掉"的豪言壮语。高校学生工作和脱贫攻坚一样，虽然艰辛，却都是幸福而又伟大的事业。"一次井冈行，一生井冈情！今朝为学工，一生做学工"——这是我今年

* 本文发表于 2019 年 11 月 30 日第 385 期《二工大报》，同时被收录至上海第二工业大学"2019 年度辅导员队伍建设月"优秀网文合集。收入本书时作者略有拓展。

和学生们一起去革命老区井冈山考察学习后的体会。学习了黄文秀同志的事迹后,我更加坚定了自己的初心和选择!

担使命

我为黄文秀同志的事迹感动流泪,她那句"生于百色,长于百色,走出百色,回归百色"更是让我时时口诵心惟!这句话可以说是黄文秀同志一生的写照,更是这位年轻的新时代共产主义战士勇担使命的真实写照。作为一名高校思政工作者,我肩负着教书育人的使命,但是方向在哪里?"00后"大学生们来自五湖四海,很多来自中西部贫困地区,他们的使命又是什么呢?鼓励他们追求出色的学业成绩的同时,我想,更为重要的是以德为先,帮助他们树立先做人再做事的价值观;引导新时代青年重回家乡,建设家乡,并让他们将个人使命与时代使命结合起来,在人生的道路上,脚踏实地,深怀感恩,学会回报社会。这才是新时代新学工新方向。

找差距

中华人民共和国成立 70 年来,国家日益富强,人民日益幸福。这些伟大的成就之所以能够实现,是因为背后有无数英雄儿女在负重前行。我相信大家和我一样,今年都为四川凉山救火英烈 30 人、排雷战士杜富国、百色女儿黄文秀等青年的事迹而感动落泪。我们不能忘记他们对党和人民所做的贡献,更要学习他们为了人民利益,敢于冲锋陷阵的崇高品质。身为中共党员、入党积极分子、共青团员的我们需要扪心自问,关键时刻我们有没有"随时准备为党和人民牺牲一切"的决心呢?

抓落实

"全面建成小康社会,一个都不能少!"我想说的是,脱贫攻坚的责任,是我们每个国人都要肩负的,一个都不能少,一份力量都不能缺!让我自豪的是,我的学生党员——2019 届毕业生周先恩同志毕业后作为大学生"西部计划"志愿者,前往云南牟定县开展教育扶贫服务,走向了脱贫攻坚战的第一线。10 月,我们在各自单位的支持下,共同策划启动了"'七彩云南'知识种子孵化行动助力西部贫困生成长成才"活动。我们组织了 70 位师生与牟定 70 位贫困中小学生结对，通过精准结对帮扶的形式，助力教育扶贫。作为本次活动的策划者之一，我第一时间报名参加结对，并积极参加捐款捐物，希望将爱传递到每一个需要帮助的学生身上，激励他们用知识改变命运、建设家乡。虽然这只是一次细微的举动，但是贵在真实、真心和真情。我想，这样的活动我们还需要多组织一些，让活动更具延续性，并执行得更加踏实一些。

黄文秀同志是在习近平新时代中国特色社会主义思想教育与培养下成长起来的优秀青年代表。作为同样肩负着新时代重大使命的年轻共产党人，我们要对标黄文秀同志的优秀品质，砥砺前行，前进再前进；要教育、引导更多的青年大学生走出来，积极做新时代的奋斗者、开拓者、奉献者，争做"不忘初心、牢记使命"的先进典型，在新时代长征路上诠释初心使命，唱响青春之歌。

致敬百色女儿黄文秀，祖国感谢您，人民感谢您！

致敬每一位奋战在脱贫攻坚战线上的可爱的人，让我们共同努力肩负起脱贫攻坚的伟大事业，决胜 2020。

2019 年 10 月 27 日

追梦路上，你我同行

——致云南牟定结对学生的一封信

云南牟定的同学：

你好！

我是来自上海第二工业大学高等职业技术（国际）学院的辅导员杨超杰。前段时间，通过我校的党员毕业生、现在正在你们牟定县师资培训中心工作的"西部志愿者"周先恩，我了解到你们目前面对着相对匮乏的教育资源和生活条件。

根据这个情况，我们学校联合牟定县师资培训中心策划开展了"七彩云南知识种子孵化行动"活动。活动伊始，我报名成为一名"蒲公英种子"的播撒者，并与你结对，希望给你带去"爱国与奋斗"的种子。虽然目前还不知道你的名字和其他个人信息，但是，我很愿意与你成为知心朋友，聆听你的故事，伴随你成长，帮助你实现梦想，期待你收到信之后能和我联系。

我曾经在祖国的西部学习生活过一段时间，2011 年 9 月—2013 年 6 月在甘肃省兰州市的西北师范大学学习。这是我第一次走出上海，独自一人前往西部求学。这段经历，让我对祖国西部落后的情况有了更为直观的了解，亲眼看到了国家发展不平衡、不充分的现状。那里的学生、孩子们的学习生活条件也不是很好，需要帮助，然而当时我还是学生，能力和条件有限，只能为他们做些力所能及的小事。如今，我已经踏入社会，成了一名大学老师，也成了一名父亲，我深感有责任和义务在"为党育人、为国育才"的伟大事业中贡献自己的力量，并将仁爱之心传承给下一代。

最后，亲爱的同学，我想对你说：我愿意在未来的日子里尽我最大所能帮助你，希望你努力学习，因为知识真的能改变命运！你生于牟定，长于牟定，在未来，希望你能通过学习走出牟定，学成归来服务牟定，建设牟定。希望你未来能来上海看看，来上海第二工业大学学习，来我家做客。

衷心祝愿你学习进步，生活快乐！

杨超杰

2019年11月15日

一节生动的电影党课

作为学校"不忘初心、牢记使命"主题教育的一环,我们全体党员今天观看了影片《八子》。

《八子》以真实故事为基础,讲述了中央苏区农民杨荣显的八个儿子争当红军,最后全部壮烈牺牲的悲壮故事。电影以细腻的表现手法、惨烈的战争场面、深沉的母爱、深厚的手足之情诠释了强烈的革命英雄主义精神。

影片时长两个多小时,荧幕上大部分时间弥漫着浓烈的硝烟,整部电影充满了战争的残酷和血腥,令我再次感受到新中国来之不易,今天的幸福生活来之不易。影片用简单朴实的台词和极具冲击力的画面悲壮地展现了革命先烈对革命的信仰与忠诚、奉献和牺牲,让我在强烈的视觉震撼中被电影中的人物、情节深深地打动。

"大牛"在一次次战火的淬炼中成长为一名优秀的战士。家里最小的老八"满崽"因为恐惧准备当"逃兵"时,想起心爱的女子为自己送别时的情景,又重燃了革命的斗志。但他转身回来时却差点被哥哥枪毙。哥哥大牛说,没有当兵之前,他还是把满崽看成自己的兄弟,希望他远离战火,好好活下去,而一旦满崽穿上军装,他就和部队里的战友们一样,必须始终记住自己作为兵的责任与担当。正是因为有着这份强烈的责任与担当,三排在只有二十几人的情况下毫不畏惧地拼死攻击敌人的一个炮兵营,并且在最后仅剩几人的情况下,因一位即将牺牲同志的一句"炸桥"而与追来之敌殊死决战,最终成功炸掉吊桥,保证了大部队摆脱敌人的追击,然而,整个三排的战士们最终全部壮烈牺牲了。

影片的最后,村口的大树下,一位年迈的母亲正在等待八个儿子的平安归来。这位母亲与天下所有的母亲一样，无条件地爱自己的孩子、呵护自己的孩子，用自己柔弱的肩膀撑起温暖的"小家"，但看到生活在水深火热中的广大人民群众时，她义无反顾地将八个儿子送去参加红军，虽然她知道这意味着孩子们可能再也回不来了。

　　作为一名党员，观看这部影片对我来说非常有意义。正值"不忘初心、牢记使命"主题教育开展之际，这次观影对于我进一步坚定理想信念，增强使命感、责任感，提升政治素养有着积极的作用。这部电影给我带来了极深的感触，也让我被电影中的人物和情节深深地感动。

2020年3月15日

提升新时代大学生"新三观":
生命观、就业观、健康观

2020年1月,新冠疫情突然袭来。党和国家迅速反应,带领华夏儿女投入这场疫情防控阻击战之中。在这场没有硝烟的战斗中,青年无处不在,90后、95后甚至是00后表现出的家国情怀和责任担当极大地彰显了"民胞物与、四海皆兄弟"的仁爱精神。在得到党和人民一致赞许的同时,他们的爱国大义也上升到了新高度。

随着疫情防控的深入,越来越多的青年踊跃加入抗"疫"队伍中,在祖国的各个角落向社会传递时代新人的力量。一线的抗疫工作人员中,90后、00后医护人员达到了1.2万人,占全部人员的1/3。人们听闻了河北护士肖思梦在武汉剪发"告白青春"、支援一线的故事。全国的大学生争当志愿者,主动参加疫情防控,为家乡的疫情防控宣传贡献力量。各地涌现出无数感动人心的少年英雄事迹:15岁的赵珺延不远万里送口罩;武汉学生陈琪方"出借"外公和妈妈;00后志愿者团队创办全球新冠疫情报道中文网站;大量90后甚至是95后成为"逆行者"。20岁前后的年纪,虽然脸上还带有稚气,却绽放着最灿烂的笑容来为"热干面"加油呐喊。90后已经长大了。典型的90后们,却用"非典型"的方式为新时代中国青年"正名",以己所能为疫情防控注入青春的力量。

识疫情中的人——生命教育正当时

疫情期间,30后的钟南山院士披挂上阵,来到抗击疫情的第一线。90后大学生郭岳确诊后自我隔离38天,最终没有感染一人,包括自己的父母和弟弟。00后护士刘家怡的一句"穿上防护服，我就不是个孩子了"宣告了青年一代的成长。从每一代抗疫人的言行中，我们读懂了生命对生命的责任、担当，并且这种责任与担当是不分年龄、不分职业的。对生命的担当能够唤起一个人强烈的使命感，如果一个人能够基于他的肉体生命不断实践并奉献他的社会生命，那他必将达到生命的最高境界——精神生命！精神生命能将生命不断拉长、拓宽和提高。然而，现在的高校大学生有相当一部分对于生命的认识还停留在其自然属性上，有时面对学业、生活、择业等方面的压力和挑战，会产生错误的认识，甚至不惜自毁，给家庭带来悲痛，社会造成损失。青年一代需要正确认识生命的三重属性，敬畏生命、珍爱生命，以坚强的体魄，积极生活，赋能人生。

悟疫情中的事——就业指导好时机

在疫情期间，我们见证了许多令人感动的故事。80后顺丰小哥汪勇自发接送金银潭医护人员并为他们解决饮食问题后，仅留下一句"我送的不是快递，是救命的人啊！"退房离开酒店的环卫工人们把房间收拾得像没有人住过一样，面对记者时，他们只是淳朴地表示"我们心想，千万不能把房间搞得乱七八糟，给别人添麻烦"。

由此我们应该认识到，一份职业是否被需要，才是衡量职业好坏的标尺，比起做那些"地位高""来钱快"或是做伤害他人利益的"工作机器"，我们更应该关注一份职业能否满足许多人的需要，能否为社会、为更多的人创造价值。这才是一份职业的最大价值，也是我们大学生所应追求的职业信仰。

观疫情中的物——健康教育恰逢时

疫情防控以来，"口罩""酒精""消毒液"等原本生活中用得不多的物品一下子成为大家争相购买的"香饽饽"，甚至成了过年时最受欢迎的"年货"。在校园里，口罩其实很常见，但遗憾的是，它已经"沦"为女生遮挡素颜的"面具"，由防护品变成了装饰品，这是很大的讽刺。假设疫情在学期中发生，以学生现有的卫生习惯和健康知识水平，是否能保证他们具有足够的短期自我防护能力呢？这是一个很大的问题。疫情折射出青年大学生在生活习惯和健康习惯上的缺失。这次疫情防控在很大程度上填补了大学生公共卫生健康教育的空白,让学生学会了如何有效戴口罩,补齐了传染病防护知识的短板。借这次疫情防控,我们可以以"口罩哲学"为例,展开对健康价值观的探讨,例如,戴口罩是为了保护自己还是保护他人? 这将引导高校大学生在更纯粹的意义上掌握"学会生存"的能力,以健康知识武装身体,形成健康责任感、健康价值观,并以此提醒大学生要具备良好的个人品德,积极弘扬社会公德。

新时代的长征路上,我们还会遇到许多新的困难和挑战,希望同学们扎根中国大地,不负建功立业的人生际遇,不负"天将降大任于是人"的时代使命,不负党的期望、人民的期待、民族的重托,用努力奋斗的青春,让自己成为一个有理想、有本领、有担当的时代新人。

2020 年 7 月 2 日

有一种甜叫作"17 机制 01"
——给 17 机制 01 全体毕业生的一封信

17 机制 01 的同学们：

大家好！毕业之际，还是想和大家说说话，就用这种方式来吧。

距离你们领完毕业证书离开学校已经 3 天了。昨天，我将大家的人事档案归整完毕。此时此刻，云端毕业典礼正拉开序幕，这意味着真的要说再见了。首先要向大家顺利毕业表示祝贺！同时也向你们的父母、亲人问好。你们大学毕业，学有所成，即将步入社会，这对你们的家庭来说也是最重要的时刻之一。希望我们一起相聚云端共同庆祝，砥砺再出发！

在就业竞争极为激烈的当下，你们主动作为，积极就业，大部分找到了自己满意的工作，带动班级就业率达到了 96％，祝贺你们！或许还有同学在犹豫，还不能确定方向，在这种情况下，"先就业，再择业"会是一个不错的选择！班里的陈同学、唐同学等 11 位同学专升本成功，霍同学、杨同学等 2 位同学在为参军入伍积极做准备，在此向各位同学表示祝贺。今年是《共产党宣言》首个中文全译本出版 100 周年，在陈望道的心中，"真理的味道非常甜"。在我的心中，你们也是我的甜！

回想起大家刚踏入校园的时候，你们青涩的面容还历历在目，转眼就要各奔东西了。三年来我们共同经历了一起努力获得"上海市五四红旗团支部"荣誉的喜悦，也经历了遗憾告别同学的痛苦！我们一起欢送了入伍的同学，也一起迎接了退伍回来的兵哥哥！每逢周末，我们还一起前往滨江森林公园做志愿者。这些都成了最美好的回忆。大学三年是人生中最美好的时光，也是最值得回忆的阶段。大学同学之间的感情、友谊是深厚而长久的，希望今后你们之间、我们之间都要保持联系，今后无论在天涯还是海角，我们都要在彼此身后，彼此牵挂，彼此祝福。

同学们，我们正处祖国迅猛发展的好时期，我们有幸成为祖国实现第一个百年奋斗目标，开启第二个百年奋斗目标新征程的历史见证者和参与者，这是人生中难得的际遇，也是难得的挑战。希望你们抓住历史机遇，争做时代的弄潮儿，勇攀高峰，书写人生华章！你们可能会觉得杨老师又开始讲大道理了，但是我们青年人确实需要坚定的理想和信念。正如习近平总书记所说："心有所信，方能行远！"在未来的日子里，我们都要更加努力，坚信我们是最棒的，坚信我们自己和我们的祖国都会越来越好！

35 位团青年们，有缘相识，我以你们为荣，为你们感到骄傲和自豪。二工大永远是你们温暖的家，我在这里，等你们常回家看看！

你们的辅导员超杰老师

2020 年 8 月 22 日

回望百年渔阳里，追根溯源找初心 *

今天下午，我像往常一样翻阅着《青年报》，头版的"百年渔阳里之光"一下子把我带回到了 100 年前那个拯救中华民族于危难的年代。1920 年 5 月至 8 月，新老渔阳里先后见证下了中国第一个共产党组织——中国共产党发起组的成立，中国第一个具有共产主义性质的青年组织——上海社会主义青年团的诞生，《共产党宣言》第一本中文全译本的发行。

提到渔阳里，大家的第一反应应该是"团中央旧址"。然而，通过这次学习，我对渔阳里有了更加深刻的理解，对建党史有了新的认识。今年是中共党史上"三个百年"纪念的重要年份，是继 2019 年五四运动 100 周年之后，中国共产党成立 100 周年之前极为重要的纪念。这"三个百年"纪念让我们青年一代更加明确：渔阳里是"建党源头"，"建团源头"。那个带领中国从站起来，到富起来，再到强起来的中国共产党诞生于上海，源于渔阳里。那个紧紧围绕在中国共产党的周围，努力践行"党有号召，团有行动"的中国共产主义青年团诞生于广州，也源于渔阳里。原来，我们熟悉的渔阳里是建党精神的孕育之地，是共产党人初心与使命开始的地方！

坚定理想信念

十月革命一声炮响，给中国送来了马克思列宁主义，陈望道的中译本《共产党宣言》更是促进了马克思主义在中国大地的传播，点燃了革命的火种，坚定了革命者的信念，为中国共产党的创建做了思想和理论上的准备。

---

* 本文于 2020 年 9 月 7 日发表于"辅导员说"微信公众平台。

作为百年后的青年,你我有责任延续先辈的革命意志,坚定马克思主义信念,知道自己要做什么样的人,如何做人,为谁而做这样的人! 这是我们纪念"三个百年"最好的方式,更是对从渔阳里走出来的"真理青年们"最好的致敬。

传承使命担当

如今,我们可以自豪地对百年前平均年龄只有 24.5 岁,追求真理的渔阳里青年们说:感谢你们为"救国梦"抛头颅洒热血。如今,我们新时代青年也在为中国梦奋斗不息,砥砺前行。从救国梦到中国梦,虽然一字之差,相差百年,但内涵是一致的,一代青年有一代青年的使命,我们唯有传承渔阳里革命先驱的精神,主动肩负起实现第二个百年奋斗目标的使命,方能远行。

青年前赴后继,共圆伟大梦想

中国共产党人的初心萌芽于渔阳里的青年,正是因为一代又一代的青年不断筑梦、追梦才造就了如今的万家灯火、繁荣盛世。解放战争时期,有以董存瑞为代表的青年,用年轻的生命开辟了胜利的道路;中华人民共和国成立以来,有无数知识青年上山下乡,艰苦奋斗,大庆油田、红旗渠、深圳特区等伟大建设的背后,处处有青年奋斗的身影;新时代以来,我们有在论文里研究家乡脱贫攻坚伟大事业的百色女儿黄文秀;有以北大援鄂医疗队全体 90 后党员为代表的奋战在疫情防控各条战线上的无数青年;有毅然选择北大考古专业,坚持梦想的 00 后钟芳蓉同学……新时代的青年们虽然没有经历过残酷的战争,但是在实现中国梦的道路上和祖国,和人民同呼吸、共命运,同生死、共患难,这一点和百年前怀揣着"救国梦"从渔阳里走出的青年们是一致的。

百年前,风华正茂的渔阳里先驱们点燃了真理薪火,为中国革命一路燎原。百年后的新时代中国青年,更需要重走新老渔阳里的"马克思主义小道",再读《共产党宣言》。百年来,各个时期的青年虽然历史任务不同,但是,品真理之味,探初心之源,铭使命之志应是一贯追求。

2020年10月10日

心定所向，行以致远*

亲爱的2020级同学们、尊敬的老师们：

大家好！我是辅导员杨超杰。很荣幸作为新生班辅导员代表在这里发言。请允许我代表所有的老师向3780位新同学的到来表示热烈欢迎！欢迎大家来到党的诞生地，上海！欢迎大家来到改革开放的热土，浦东！欢迎大家来到劳模的摇篮，上海第二工业大学。

同学们，2020年注定是不平凡的。让我们向每一位投身疫情防控的人致以最崇高的敬意。今天，我想用爱国情、强国志、报国行这三个词和大家分享，共勉。

爱国情，热爱伟大祖国

习近平总书记在纪念五四运动100周年大会讲话中指出："对新时代中国青年来说，热爱祖国是立身之本、成才之基。"同学们，新时代中国青年就是要听党话、跟党走；新时代中国青年就是要为了祖国而努力学习，你们的专业学习就是为了服务社会、报效国家。在形势异常严峻的2020年毕业季，二工大学子凭借扎实的专业基础和过硬的实践技能脱颖而出。工学部材料成型专业的毕业生党员闫来信同学，以优异的成绩回报国家的圆梦助学，积极投身国家航天事业，甘做卫星产业的一颗螺丝钉；获评上海市一流高职专业数控技术毕业生荣誉的诸君健同学，在疫情暴发期毅然接受使命，奔赴酒泉卫星发射中心，参加国家飞行器项目。正因为二工大学子们心怀爱国情，

---

* 本文为作者在上海第二工业大学2020级新生开学典礼上作为新生班辅导员代表发言的稿件，并发表于2020年12月5日第401期《二工大报》。收入本书略有修正。

所以在关键时刻才能心定所向,行以致远!

强国志,担当时代责任

同学们,99年前,中国青年共赴上海,相约建党,点燃真理星火,为中国革命一路燎原。作为近百年后的新时代中国青年,我们更要继承和发扬革命斗争精神,树立强国志向,投身强国伟业,始终保持艰苦奋斗的前进姿态,奋勇搏击。在这里,我想要提这样两个数字:12和17。12是学校自2003年组建造血干细胞捐献志愿服务队以来,成功完成捐献的志愿者人数,创上海高校之最;17是今年夏天,我校17位退伍军人学子唱响军人集结号,千里驰援赴九江,齐心抗洪救灾。以文理学部造血干细胞捐献志愿者15统计A1班张薇、工学部退伍军人17机自C1班王思远等29位同学为代表的二工大学子,以无声的行动,诠释着大爱精神,彰显了二工大学子的家国情怀与时代担当!

报国行,勇于砥砺奋斗

"青春由磨砺而出彩,人生因奋斗而升华。"同学们,我们正处在中华民族伟大复兴的战略全局和世界百年未有之大变局这"两个大局"的历史交汇点。我们即将迎来建党和建团100周年,实现第一个百年奋斗目标,并开启第二个百年奋斗目标的新征程。这是人生多么难得的机遇和挑战啊!所以,我们更要增强学习的紧迫感,在学习中增长知识,在实践中掌握技能,在劳动中锤炼品格,在报国事业中书写人生华章!一批又一批的二工大学子援疆、援藏,服务祖国;投身军营,保家卫国。在这里,我想自豪地向大家介绍一位同学——2019届毕业生党员周先恩。毕业后,周先恩同学毅然决定加入西部志愿者队伍,前往云南牟定地区服务,并联合学院开展七彩云南知识种子孵化行动,为实现脱贫攻坚贡献了自己的力量,这就是报国!

同学们,丰富多彩的大学生活即将开启,作为辅导员,我们会用心陪伴你们成长,和你们一起并肩前行,让我们一起实践"爱国情、强国志、报国行",奋力谱写新时代青年学子追赶超越的新篇章!

最后,衷心祝福同学们身体健康,学业有成!

2021 年 4 月 30 日

李白：用生命之光照亮黎明前的黑暗 *

各位老师、同学，大家下午好：

《永不消逝的电波》是我们熟悉的一部经典电影。这部电影的主人公李侠，其原型是共产党员李白同志。今天我们来到李白同志的纪念碑前，一起学习他的英勇事迹。

李白同志 1910 年 5 月 7 日出生于湖南浏阳。1925 年，年仅 15 岁时，他就加入了中国共产党，成为中国工农红军最早的报务员，并长期在秘密战线从事通信工作。在极度危险艰苦的条件下，李白凭借着他的机智、勇敢和坚毅，保守住了党的秘密，维护了党的利益。1949 年 5 月 7 日，年仅 39 岁的他英勇就义。他用自己的一生践行了忠于党和革命事业的诺言，用自己的生命之光照亮了黎明前的黑暗。2009 年 9 月，李白被评为"100 位为新中国成立作出突出贡献的英雄模范人物"。

出生入死的革命战士

1927 年，李白参加秋收起义。1930 年，他参加中国工农红军，成为红四军的一名战士。1931 年初，红一方面军开设了无线电学习班，同年 6 月，李白被组织安排在瑞金参加红军通信学校第二期电讯班学习。毕业后，他调任红五军团红十三军无线电队政委，从此与党的无线电事业结下不解之缘。在任期间，他领导的无线电队屡建奇功。红军长征开始后，电台成为红五军团与红军总部联络的主要通信工具，成了名副其实的"千里眼""顺风耳"。

---

* 本文为作者在上海第二工业大学高等职业技术（国际）学院"重走长征明初心，践行使命迎百年"党史学习教育主题拓展活动中的党课宣讲稿。收入本书中略有修正。

在这种情况下,李白更加强调保护电台的重要性,提出"电台重于生命"的口号,并将其作为一生都在努力践行的座右铭。1937年10月,李白由延安来到上海,负责中共上海组织与党中央的秘密联络工作,在敌情复杂的上海开展对敌斗争。李白曾先后4次被日寇和国民党逮捕,他英勇顽强、宁死不屈,表现出了一名共产党人的优秀品质。

在敌人的心脏架起天桥

1939年,为了避免引起敌人怀疑,上海党组织让李白与中共党员、青年女工裘慧英假扮夫妻,共同担负保护电台和发报的任务。李白和裘慧英配合十分默契,在共同的战斗和生活中,两人产生了纯洁的爱情,1940年,经过党组织同意结为真正的夫妻。在他们共同的守护下,党在上海的电台将许多情报源源不断地发给延安。

1941年1月,震惊中外的皖南事变发生。为了将皖南事变的真相及时告知广大民众,党中央在延安的电台不断呼叫各地电台,告诉他们党中央有重要电报,请他们抄收。收到延安发来的关于皖南事变的消息和党中央的指示之后,为了确保电台的安全,李白用比平时还微弱的电波进行了回答,及时将皖南事变的真相和党中央的指示传递给了上海党组织。这对于揭露国民党反动派的阴谋发挥了重要作用,迫使国民党不得不在表面上暂时停止反共。

1942年中秋节前夕的一个夜晚,李白又和往常一样,集中精力向延安总部发报。然而,电台的位置已经暴露,日本宪兵踢开了大门,李白和夫人裘慧英一起被捕。日本特务审讯时,把他的指甲一片一片拔了下来。李白忍受着剧痛,一口咬定自己是沟通商业情报。经地下党组织营救后,1943年6月,李白夫妇终于出狱。随后,李白等人转移到浙江、江西等地继续从事秘密工作。直至1945年抗日战争胜利,他们又重新回到上海,战斗在"上海—延安"的空中通信线上。

永不消逝的电波

解放战争时期,整个上海笼罩在白色恐怖中,危机四伏的环境使李白的处境更加危险。1948年12月29日晚上，李白再次被捕，面对国民党种种惨无人道的酷刑，他没有吐露任何情况，因此，敌人始终没有能够从他口中得到一点想要的信息，这使得上海地下党组织仍能与中央继续保持联络。

1949年5月7日，裘慧英带着孩子来探望李白，这一天也是他的生日。然而，这次的见面成了他们最后一次的相见。李白对妻儿说："天快亮了，事到如今，对个人的安危，不必太重视。今后我回来当然最好，万一不能回来，你们也能和全国人民一样，过上自由幸福的生活！"当天夜里，国民党特务机关按照蒋介石的批令，将李白、秦鸿钧等12人杀害于浦东戚家庙。20天后，上海解放，党组织和裘慧英找到了烈士李白的遗体，并将他安葬在上海市虹桥公墓内。

老师们、同学们，李白渴望光明、期盼解放，他用"嘀嗒，嘀嗒"的发报声奏响了中华人民共和国成立的乐章。70多年过去了，李白同志的发报声依然响彻在我们每个人心中。我们永远怀念这位为中国人民的解放事业英勇献身的英雄。李白生前使用的维修发报机的工具箱收藏于中共一大会址纪念馆内，大家有机会可以去看看，看看那一件件工具、零件，回顾那段峥嵘岁月、艰辛历史。

同志们，青年团员们，在迎接建党100周年之际，我们学党史，重温并学习了李白烈士的革命事迹。但是，这只是方法，更重要的是要学做同行，知行合一，努力做到"我是党员做先锋"，踏实实践"我为群众办实事"，让初心薪火相传，把使命永担在肩。

2021年6月1日

不忘初心，继续前进 *

2021年4月16日，党中央权威期刊《求是》杂志再次发表习近平总书记在庆祝中国共产党成立95周年大会上的重要讲话。正值建党百年之际，党史学习教育开展之时，这篇重要讲话的再次发表，给全党提供了最好的"辅导资料"，充分彰显了它的深刻意义和重要价值。

在学习建党95周年讲话之前，我想先把党史再往前推5年，也就是回到10年前的2011年。那时，我还在求学阶段，刚刚入党不久。我想借此机会回顾一下自己入党的初心，回顾一下属于自己的党员党史。

建党90周年时的"七一"，我刚刚大学毕业，和同学去毕业旅行。游至云南时，我在丽江古城买了一套"建党90周年"的首日封，这套首日封有"一大六小"7枚。当时，我刚刚转为正式党员不久，买下那套首日封主要是为了纪念，并没有太多深入的了解和认识。然而，正是从建党90周年开始，我也逐步开始走向为党育人、为国育才的伟大道路……

2001—2011年间，我们经历了汶川地震、百年奥运首次来到中国、世博会在上海成功举办、中国GDP超越日本成为世界第二大经济体等重大事件。中国共产党在毛泽东思想、邓小平理论和"三个代表"重要思想的指引下，开始全面推进中国特色社会主义建设，实践并回答了实现什么样的发展、怎样发展等重大问题并形成了科学发展观的指导思想。

时间来到了2016年，习近平总书记在庆祝中国共产党成立95周年大会上发表了重要讲话。习近平总书记在讲话中多次强调"不忘初心、继续前

---

* 本文为2021年"七一"前夕，上海第二工业大学党委副书记调研高等职业技术（国际）学院辅导员工作时，作者在座谈会上结合党史学习教育所作发言的稿件。

进"这8个字，通过这8个字告诫全党，一切向前走，都不能忘记走过的路；走得再远、走到再光辉的未来，也不能忘记走过的过去，不能忘记为什么出发。

接下来，我们把时间再往前推后5年，来到2021年。作为共产党人，我们一直在"赶考"，努力完成时代给我们出的这张试卷。作为答卷人，我们首先要努力提升自我，全面从严治党，反腐倡廉，加强师德师风建设；2016年全国高校思想政治工作会议以及2018年全国教育大会上习近平总书记的重要讲话精神让我们深刻理解，作为高等教育工作者，培养"时代新人"我们责任在肩，我们必须在工作中回答"为谁培养人、培养什么人、怎样培养人"这"时代三问"。我们要以2019年纪念五四运动100周年大会上"奋斗是青春最亮丽的底色"的主题内涵教育学生、培养学生、引领学生。这五年里，我们迎来了中华人民共和国成立70周年，完成了脱贫攻坚伟大事业，接受了人民的检阅。这些伟大的历程不仅让我们形成了"脱贫攻坚精神"，更进一步丰富了中国共产党人的精神谱系！但是，我们的赶考还未结束，2035的蓝图已经铺展，第二个百年奋斗目标的新征程才刚刚开始。在新时代、新征程、新赶考的路途中，让我们不断迈步向前，以优异的成绩迎接中国共产党100周年华诞。

2021 年 7 月 1 日

青年们：中国共产党真的好！

——写在中国共产党百年华诞之际*

在党史学习教育深入推进之际，我们迎来了中国共产党百年华诞。全党全社会共同庆祝这个伟大而光荣的时刻。然而，身处学生工作一线的我们时不时也听到了一些青年学生的只言片语："共产党的好我感受不到"，"共产党和我没关系"，"所谓信仰有意思吗"，等等。

作为一名共产党员、一名辅导员，我可以斩钉截铁地告诉这些同学：中国共产党真的好！好到是世界上最好的政党！没有中国共产党就没有你的今天！

党的决策保护着你。新冠疫情期间，党秉持着生命至上的理念，保障全国人民的生命安全；而一些国家则为了个人利益、商业利益、政治利益导致疫情失控，让民众处于水深火热之中！对比之下，中国共产党好不好？

党的军队保卫着你。当四川凉山发生森林大火时，30 名凉山英烈、5 名戍边英雄为了人民、国家的利益，不惜付出生命的代价；反观某国大火，领导人却因是个人度假时间不愿指挥救火！对比之下，中国共产党好不好？

党的政策帮助着你。一部分人一边享受着党和国家的脱贫攻坚政策给他自己和家庭带来的政策福利，享受着国家助学贷款、助学金，申请着国家励志奖学金，一边却在抱怨感受不到中国共产党的好！这样还感受不到中国共产党的好？

党的青年引领着你。以"百色女儿"黄文秀、"排雷战士"杜富国等为代

---

* 本文为作者在 2021 年 7 月 1 日，与班级学生共同学习习近平总书记在庆祝中国共产党成立 100 周年大会上的讲话精神的宣讲素材。

表的无数青年为了祖国和人民的各项事业默默奉献，甚至牺牲自己的生命。正因为这些年轻党员无私的付出，才换来我们的安居乐业！这样还感受不到中国共产党的好？

或许你们感受不到这些，但是从小到大，你的家庭生活条件是不是大大改善了？家乡是不是越来越好了？办事是不是越来越顺利了？这就是中国共产党最大的好！中国共产党对待人民全心全意，但我们不能认为这是天经地义的！对于我们青年大学生而言，更不能有"衣来伸手，饭来张口"的思想观念，每个人都要有"心怀感恩，砥砺前行"的行动理念！

不要因为自己暂时没有成功就抱怨平台不够，也不要因为自己暂时生活不顺利而萎靡不振。想想你为了自己、家庭、家乡又做了多大的努力？新时代青年大学生要紧密围绕在中国共产党的周围，坚定理想信念。至于具体应该怎么做，那不妨先弄清楚"你是谁？你从哪里来？你要到哪里去？"这个永恒的话题。

学党史，搞清楚我们是谁

要深入学党史、新中国史，了解党和国家带领我们走过了多少风风雨雨，才来到了如今的岁月静好，更要思考在这其中中国青年又承担了什么角色。百年前，平均年龄28岁的13位中国青年开创了一番不凡的事业，从此一代又一代青年在党的指引下前赴后继，为了民族独立、人民解放、社会主义建设、改革开放等作出了巨大的努力和贡献。

净化精神，搞清楚我们从哪里来

在伟大建党精神的带领下，我们逐步形成了由"红船精神、井冈山精神、"两弹一星"精神、抗洪救灾精神、抗疫精神、脱贫攻坚精神"等90多个精神组成的中国共产党人精神谱系！这个精神谱系把我们带到了中国特色社会主义新时代！百年来，正是有无数革命先烈、仁人志士秉持爱国初心，为中国的革命、建设，抛头颅、洒热血，坚持扎根中国大地，用一代代人的青春汗水毕生努力，才换得我们实现全面建成小康社会的伟大目标，并努力向第二个百年奋斗目标前进！

想使命,搞清楚我们要到哪里去

青年一代是在习近平新时代中国特色社会主义思想的培育下成长起来的一代,爱党、爱国、爱民应该成为我们的出发点。青年们,让我们一起努力学习并传承伟大建党精神,不负先烈、先辈和习近平总书记对我们青年的嘱托! 我们要成为有志气、有骨气、有底气的新时代青年,心怀"请党放心,强国有我"的豪情壮志,为实现中华民族伟大复兴贡献力量!

"七一"之际正值毕业季,正如钟南山院士在上海科技大学寄语毕业生所言:"不但要有理想,而且要有梦想;不但有要求,而且要有追求;不但有志气,而且要争气,特别是在现在的情况下;不但有热情,而且要有激情。"其实要做到钟院士这8组要求对我们青年大学生们来说是很难的,但关键还是要落到实践中去,"不但要敢做,而且要实做!"这是需要我们用一生的时间去努力实践的!

2021 年 8 月 6 日

从刘长春到刘翔，再到苏炳添，
大学生们能学到些什么？*

2021 年暑假，因为疫情延期一年的"2020 东京奥运会"终于开幕了。中国奥运健儿们闪耀日本东京，《义勇军进行曲》不断响彻奥运赛场。

2021 年 8 月 1 日，中国短跑名将苏炳添在奥运会 100 米半决赛中取得了 9.83 秒的成绩，震惊了世界！各大主流媒体争相报道。苏炳添 9.83 秒的成绩再次打破了亚洲纪录，更是打破了黄种人从未进入过奥运会 100 米决赛的历史，将中国田径推向了新的高度。

作为一名高校学生工作者以及一个关注中国体育的人，我脑海里不禁冒出一个问题：从 1932 年首次参加奥运 100 米比赛的刘长春到 2004 年首次获得 110 米栏奥运冠军的刘翔，再到如今的苏炳添，我们青年大学生们能够从他们身上学到些什么呢？建党百年庆祝大会上青少年代表发出的"请党放心，强国有我"的豪情誓言还在我脑海中回响，然而我们始终需要思考的是：如何有效地引领一批又一批青年大学生成为合格的社会主义事业建设者和接班人，并毫无保留地投身强国伟业？围绕"苏炳添""中国田径"的故事，或许我们能从中找到一些答案。

热爱祖国必是第一要义

近代以来，西方帝国主义用鸦片敲开了中国的大门，在身体上、精神上奴役中华民族，让中国人民坠入了无底深渊。从 1840 年到 1949 年，中国人

---

* 本文于 2021 年 8 月 8 日发表于"辅导员说"微信公众平台。收入本书中略有修正。

民用了一百多年的时间,才让民族独立,人民解放! 在体育竞技方面,邓小平同志曾说过:"提高水平,为国争光!"在场上,运动员们就是以"升国旗,奏国歌"为目标去努力拼搏的! 不论天涯海角,为国争光都是前进的不竭动力。这也是苏炳添在 32 岁"高龄"的情况下还能打破百米短跑的亚洲纪录,让五星红旗闪耀在世界田径舞台的原因。这也是"三朝元老"汪顺、"四朝元老"巩立娇等能够不断坚持梦想,努力让奖牌更新为金色,让五星红旗飘扬在异国他乡的原因。

对于"升国旗,奏国歌",我们一直在不同的场合参与其中,这是最基本的爱国行为。然而,请问大家,面对五星红旗和《义勇军进行曲》,我们能为它们做些什么? 单单立正肃立,大声唱响是远远不够的。作为一名大学生,我们是不是也要通过自身的努力,让国旗因你而升起,让国歌因你而唱响? 这其实是最难做到的爱国行为,但需要我们用一生的努力去实践,去追求!

专业榜样助力专业学习

"谁说黄种人不能进奥运会前八,我要证明给世界看!"这是 2004 年刘翔在获得雅典奥运会 110 米栏冠军后、面对镜头时说出的坚定话语。"中国飞人"刘翔此举打破了欧美的垄断,在中国田径史上更是具有划时代的意义。他的壮举激励了一代又一代的中国田径健儿,包括本届奥运会上的苏炳添、为中国获得田赛历史首金的铅球运动员巩立娇、第一次进入女子 800 米项目决赛的王春雨、第一次进入男子 200 米半决赛的谢震业等。刘翔这个好榜样推动了中国田径的大跨步发展!

榜样的力量在体育竞技场上很重要,他激励着中国健儿们屡屡突破,创造历史。但是,专业基础更为关键。正如苏炳添在自己的论文里写的那样:"新时代中国男子 100 米短跑跻身世界前列的原因也在于运动员本身的文化素养、职业素养等因素。"近年来,运动员进入高校学习的机会越来越多,学习和训练更加科学化、系统化。就苏炳添个人而言,他不仅仅是运动员,更是一名高级知识分子,一名专业研究者! 以上两点就传达出了专业基础学习的重要性,没有理论支撑的埋头苦干不如有科学指导的小试牛刀。对大学生们而言,专业基础是关键,专业基础打好了,后面的道路才更宽广!

所以，反观我们自己，同学们不妨想一想，找一找所学专业领域的榜样、标杆，不管他是推动国家发展的伟大科学家，还是默默耕耘、甘做行业领域小小螺丝钉的平凡英雄，看看他们的故事。作为大学生，找到专业领域的榜样、标杆，将成为我们投身专业、情系专业、实践专业的不竭动力，更将成为我们学一个专业，做一份事业的自信之源。

身心素质定要良好锤炼

习近平总书记在 2018 年全国教育大会上强调：要树立健康第一的教育理念，开齐开足体育课，帮助学生在体育锻炼中享受乐趣、增强体质、健全人格、锤炼意志。除了学校要开足体育课，我们大学生也要帮自己开足体育课，坚持走出寝室，走进操场，通过运动放松内心状态、发泄内心情感，减轻身心压力。本届奥运赛场上，获得上届冠军的中国女排因为小组未出线，在最后一场比赛结束后，队员们在《阳光总在风雨后》的背景音乐之中泣不成声。然而，我们坚信，在女排精神的指引下，这只是一段艰苦创业新征程的起点。

对于我们大学生来说也是一样的，我们的成长也像中国女排一样，不会一直是"常胜将军"，总有诸多的不如意。得到奖牌的人一定付出了你无法想象的努力。奖牌可能能够衡量成功与否，但是坚持与努力才是优秀的标准。请记住"阳光总在风雨后，请相信有彩虹！"

从 1932 年到 2021 年，跨越 90 年的 100 米接力跑，苏炳添帮我们完成了。然而，实现社会主义现代化强国的接力跑还需要我们每一个人的努力！

人物简介

苏炳添：中国男子短跑运动员，第一位跑入 9 秒关口的亚洲选手，第一个在钻石联赛百米大战中夺冠的中国人。2021 年，32 岁的他在奥运会赛场以 9.83 秒的成绩打破 100 米亚洲纪录并成为晋级奥运决赛的第一位黄种人。同时，他是暨南大学体育学院副教授，硕士研究生导师。

刘翔：男子田径队 110 米栏运动员。2004 年，在雅典奥运会上，凭借平奥运会记录的成绩 12 秒 91 夺得男子 110 米栏的金牌,并打破了欧美人的垄断。2006 年,在瑞士洛桑田径超级大奖赛男子 110 米栏赛中,以 12 秒 88 的成绩打破了保持 13 年的世界纪录夺冠。2007 年,在世界田径锦标赛中夺得男子 110 米栏冠军。2015 年宣布退役。

　　刘长春:1932 年 7 月 8 日,参加了在美国洛杉矶举行的第 10 届奥运会,成为第一位正式参加奥运会的中国运动员。1936 年再次代表中国参加在柏林举行的第 11 届奥运会。1983 年 3 月 25 日逝世。1932 年,刘长春因舟车劳顿,脚力不足,体力大受影响,因此原来报名的 3 个项目,他只参加了 100 米和 200 米比赛两项,400 米比赛因体力不支没有出场比赛。参加的两个项目,分列小组第五、第四,未能晋级。

2021 年 8 月 15 日

以史为鉴，吾辈当自强 *

又是一年 8·15，一个中华民族和中国人民永远铭记的日子！早上，我在共青团中央公众号上看到了鲜红的纪念海报，随后又在央视新闻的微博上看到了 8 组与抗战相关的鲜红日期，为之震撼！跟随这些重要的日子，我再次回顾并学习了这段历史。

从 1931 年 9 月 18 日日军发动九一八事变开始，到 1945 年 8 月 15 日日本天皇以"终战诏书"的形式宣布无条件投降，再到 1945 年 9 月 2 日，在泊于东京湾的"密苏里号"军舰上，日本政府在投降书上签字为止，这场长达 14 年的浴血抗战最终以中国人民取得伟大胜利落下句点。这是中国近代以来反侵略历史上的第一次全面胜利，也为世界反法西斯战争的胜利做出了巨大贡献。雄壮的《义勇军进行曲》在抗战中谱写完成，伟大的中华人民共和国在战火中孕育而生。那些泪目的曾经是民族的伤痛，是同胞们的伤痛，吾辈唯有学习好这段历史，铭记好这段历史，以史为鉴，奋发图强，"增强做中国人的志气、骨气、底气"，才是对先烈们最好的纪念！

结合学生线上各类评论和这次个人学习，我总结了三个值得进一步关注的地方。

关于抗战的时间跨度范围

在过去较长的一段时间里，我们习惯于把抗战的时间算为八年。现实生活中，很多人也会把自己经历的各种涉及"八年"的事情和"八年抗战"联

---

* 本文于 2021 年 9 月 3 日发表于"辅导员说"微信公众平台，并于 2023 年 6 月荣获上海高校网络文化节网文三等奖。

系起来,表达漫长的特点以及不易的情感。直到 2017 年初,教育部要求各级各类教材全面落实"十四年抗战"的概念,抗日战争的起点问题以进入教材的形式得到了解决。

从"八年抗战"到"十四年抗战",后者更加准确、完整地反映了抗日战争历史的"两阶段论"。首先是 1931 年"九一八"事变以来六年的东北局部抗战,其次是从 1937 年"七七"卢沟桥事变到 1945 年抗战胜利的八年全国、全民抗战阶段。"十四年抗战"充分肯定了六年局部抗战的历史地位,完整还原了抗日战争的全过程的同时,更体现了对历史的尊重。

关于抗战胜利的五个时间

提及抗战胜利的日子,大家的第一反应一般是 1945 年 8 月 15 日的"日本无条件投降日"。但除此之外,还有三个重要的时间节点需要我们铭记:1945 年 9 月 2 日,日本在泊于东京湾的"密苏里号"军舰上,在包括中国在内的 9 个受降国代表的注视下,在投降书上签字;1945 年 9 月 9 日,第二次世界大战中国战区受降仪式在南京举行,日本正式向中国政府递交投降书;1945 年 10 月 25 日,中国政府在台湾举行受降仪式,台湾及澎湖列岛正式重归中国版图。从此,被日本占领长达 50 年之久的台湾岛回归祖国。

以上四个时间节点对于中国人民抗战胜利具有重要的意义,日本广播宣布投降,标志着战争的结束;日本在降书上签字,标志着包含中国在内的二战全面结束;日本在中国战区递交降书,标志着中国人民十四年抗战的伟大胜利;日本在中国战区台湾递交降书,标志着中国人民抗日战争取得完全胜利。

2014 年 2 月 27 日,全国人大常委会以立法形式将 9 月 3 日确定为中国人民抗日战争胜利纪念日,缅怀在中国人民抗日战争中英勇献身的英烈和所有为中国人民抗日战争胜利做出贡献的人们,铭记中国人民为反抗日本帝国主义侵略所做的艰苦卓绝的斗争。

关于抗战纪念的问题

这部分主要围绕如何正确表达抗战相关纪念日和纪念场所的问题展

开。与抗战有关的纪念日非常多，具有代表性的有：9月3日——中国人民抗日战争胜利纪念日、12月13日——南京大屠杀死难者国家公祭日等。同样的，具有代表性的抗战纪念场所有：中国人民抗日战争纪念馆、侵华日军南京大屠杀遇难同胞纪念馆、侵华日军第七三一部队罪证陈列馆等。

经常听到一些人将这些纪念日和纪念场所随意简称表达或变意表达，对于这种现象，我们必须旗帜鲜明地坚决予以否定。以"南京大屠杀"事件为例，其本身是中华民族之殇，我们借此怀念的是30万遇难同胞！是不能忘却的纪念！不管是有意还是无心，表达都要慎重，否则就是对历史的不尊重，更是对经历过这段苦难岁月的同胞们的不尊重。

艰苦的抗战虽然已过去76年了，然而，落下句点的仅仅是充满硝烟的战场，战争给中华民族带来的伤痛不会淡去，这段十四年的中华民族屈辱史应永远保留在记忆里，无论过去、现在，还是未来。76年过去了，截至目前，几十万"慰安妇"还未听到一声道歉；南京大屠杀幸存者只有65人了，他们用一生等待一声道歉；不仅仅是他们，我们全体中华民族，都在等待一声道歉！美国华裔女作家、历史学家张纯如女士，以常人无法想象的勇气和决心，在饱受日本右翼势力的疯狂骚扰和报复的情况下毅然完成《南京大屠杀：被遗忘的二战浩劫》一书。我非常认同一位网友的回复："我们没有资格替前辈们原谅那些血泪的曾经！""历史是最好的教科书和清醒剂。"

让我们牢记历史，勿忘国耻，感恩先烈，珍惜现在！

2021 年 8 月 19 日

美丽西藏七十年,道路修建千万里

在庆祝中国共产党成立 100 周年之际,我们也迎来了庆祝西藏和平解放 70 周年盛事。8 月 19 日,一大早我便来到了邮局,只为第一时间购得一枚"西藏和平解放 70 周年"首日封。看着这张绿油油的邮票,我的西藏情怀也油然而生。

小时候父亲带我去看了一部电影《红河谷》,那是我第一次听到"西藏"这个地名,第一次了解到祖国西南这片神圣的热土。可能是因为年纪太小了,对这种题材的电影没有看得太入迷,自然也没有留下太多印象。直到差不多十年之后的 2005 年春晚,我第一次听到了由韩红演唱的歌曲《天路》。动人的旋律及优美的歌词,让我一下子就喜欢上了这首歌,我立刻将它加入了我的"循环歌单"曲库。也正是这首歌,让我对西藏的认识从地理学视角转向了历史学。

1951 年 5 月 23 日,中央人民政府和西藏地方政府代表就西藏和平解放的一系列问题达成协议,签订了《中央人民政府和西藏地方政府关于和平解放西藏办法的协议》(简称"十七条协议")。这标志着西藏实现了和平解放,西藏的社会发展从此揭开了崭新的一页,祖国大陆实现了全部解放。今年恰逢西藏和平解放 70 周年,今天上午,庆祝西藏和平解放 70 周年大会在布达拉宫广场隆重举行。在观看庆祝大会直播的间隙,我再次放起了《天路》并跟着一起哼唱:

清晨我站在青青的牧场,看到神鹰披着那霞光,像一片祥云飞过蓝天,为藏家儿女带来吉祥。黄昏我站在高高的山岗,盼望铁路修到我家乡。一条条巨龙翻山越岭，为雪域高原送来安康。那是一条神奇的天路，把人间的温暖送到边疆。从此山不再高，路不再漫长，各族儿女欢聚一堂。

看完直播，听完歌曲，我心潮澎湃，静下心后想执笔，为学生、为自己留下点什么，那就简单讲讲西藏，这个祖国最年轻的自治区吧。

《天路》中讴歌的这条路是青藏高原上的"青藏铁路"。它是世界上海拔最高、线路最长的高原铁路。大家应该都听过"要想富先修路"这句口号吧？这句话在广阔的青藏高原上具有更为特殊的意义。1950年3月7日，中国人民解放军第十八军在四川乐山举行了进军西藏誓师大会。十八军先遣队逢山开路，遇水搭桥，于1951年9月9日率先进入西藏，将五星红旗插上了世界的屋脊，把党的关怀带进了西藏。进藏后，十八军指战员们继续劈山修路、开荒种地，为西藏的和平与发展做出了重要的贡献。和平解放西藏期间，十八军修路进藏；西藏解放后，川藏、青藏公路建成，结束了西藏没有现代公路的历史；2006年7月1日，青藏铁路全线开通试运营，结束了西藏自治区不通铁路的历史；如今，拉林铁路开通，复兴号开进了青藏高原……在西藏解放后的70年发展史上，"修路"一词成为最重要的关键词之一。一条条"天路"将西藏和祖国紧紧相连，也带领着西藏走向社会主义的道路。经过70年跨越式的发展，青藏高原换了人间。

2019年暑假，我带领学生前往位于井冈山的"全国青少年井冈山革命传统教育基地"开展社会实践。其间有幸聆听了原十八军宣传部部长夏川之子芦继兵老师讲述关于西藏农奴制和十八军的故事，大量历史图片和事实让人触目惊心！全长4400多公里的公路，平均每公里牺牲1人，人民子弟兵真的是用自己的血肉之躯，一点一点把川藏公路铺到了拉萨。其中，他提到了这样一个故事：

1953年，在修建怒江大桥时，一名战士（姓名还未确切考证，经芦老师研究，较大可能叫刘纪春）不小心掉入了刚刚浇筑的桥墩中，混凝土

迅速凝固,战友们想尽一切办法也没能将他救起,只好流着泪将他筑进桥墩,他和桥墩融为一体,成为耸立在滔滔江水上的一座丰碑。后来,在追寻这位无名烈士的漫漫长路上,我们发现了更多的无名烈士。

芦老师的报告让我接受了一次精神洗礼。在当时的背景下,要尽早解放西藏,修路是第一要务。牺牲的人太多太多了,烈士的故事和姓名湮没在历史深处,也许我们再也找不到烈士的名字,但烈士们的英勇事迹永远流传。

如今,许多年轻人会以徒步或骑行的方式打卡川藏线、感受川藏线。然而,在欣赏沿途美丽风景的时候,我们也应该停下脚步,想想脚下这条"天路"是由人民解放军用血肉之躯和简陋工具开凿而成的。中华人民共和国成立之初,举国同庆,然而正如芦老师所言:"一纸命令重颁,数万大军急剧掉头往西藏进发。一边是温暖富庶的川南,一边是苦寒荒凉的西藏,这对一群刚从战争走出,渴望安宁,并且已经拥抱到幸福的战士来说,是何等巨大的反差,又是何其对立的选择?"生活在中国特色社会主义新时代的我们也要想一想,我们有没有做好随时接受祖国召唤的准备? 有没有做好随时为建设祖国而艰苦奋斗的准备? 前辈们开拓进藏路的艰难程度堪比当年的红军长征,前辈们用生命开拓了"天路",我们更应该继承和发扬"特别能吃苦,特别能忍耐,特别能战斗,特别能创业"的老西藏精神,学习"用身躯与高原环境作斗争,用坚守诠释家国情怀",走好属于我们的新时代长征路,完成属于我们的使命。

今年暑假,我在国道318康定段对着西藏的方向遥望了好久好久,内心充满了向往,这可能是我离西藏最近的一次。很遗憾我还未亲临美丽的西藏,蓝天、雪山、草原,是我心中的诗和远方。虽未踏入这片神圣又向往的热土,但是我早就认识您了,在不久的将来我一定能够拥抱您,扎西德勒!

2021 年 9 月 19 日

九一八事变,不可忘却的历史

今年逢十的重要日子比较多,包括中国共产党成立 100 周年、西藏和平解放 70 周年等。昨天,标志着中国人民抗日战争开始的九一八事变也 90 周年了。90 年了,历史不忘,伤痛不退,勿忘国耻,警钟长鸣!

九一八事变,又称奉天事变、柳条湖事件。它是甲午战争以来日本对中国发动的第二次大规模侵略战争的开端。1931 年 9 月 18 日晚,日本关东军突然袭击沈阳,以武力侵占东北。由于当时的"不抵抗政策",广阔的东北国土迅速沦陷。它是中国人民抗日战争的起点,同时也揭开了第二次世界大战东方主战场的序幕。

九一八事变前的日本

日本自 1868 年明治维新以后,国力提升,逐渐走上了军国主义道路,企图通过侵略战争成为东亚乃至世界的霸主,而邻国朝鲜和中国成了它对外扩张与侵略的首选对象。在历次侵略战争,例如中日甲午战争、八国联军侵华战争中,日本掠夺了中国大量领土包括台湾(包括钓鱼岛)、澎湖列岛、琉球群岛(现冲绳岛)、辽东半岛等地,获得了一系列特权。

当时,日本计划控制整个东北,"皇姑屯事件"的爆发无疑推进了它的侵略计划。这一事件指的是,日本军人耍阴谋炸毙了当时国际社会承认的中国政治主政者、"安国军政府陆海军大元帅"张作霖。这无疑构成了日本帝国主义对中国的战争!然而日本的"如意算盘"并未奏效,由于继承人张学良迅速接手,日本所希望的借此事件造成东北混乱并借机占领东北的计划未能实现。相反,随着张学良宣布"东北易帜",并对日本采取不合作与不妥协的态度,最终迫使日本决定通过战争继续推进侵略计划。因此,如果说九一八事变是抗战的开始,那么"皇姑屯事件"则是日本对中国发动侵略战争的序幕! 正如中国检察官向哲浚向国际检察局提出关于对日本战犯审判时间范围时所言:发生于 1928 年 6 月 4 日日本军人谋杀张作霖的"皇姑屯事件",应为日本战犯犯罪时间的起点。日本作为一个国家,施展阴谋炸死另一个国家的元首,就是侵略战争行为!

九一八事变后的中国

九一八事变之后,尽管中国通过"东北易帜"取得了形式上的统一,但由于国民政府坚持"不抵抗政策",以及蒋介石"攘外必先安内"的思想,整个东北三省 100 多万平方公里的土地在不到半年的时间内全境沦陷。日本对东北及当时东北 3 000 多万同胞开始了长达 14 年之久的奴役和殖民统治。国难当头,只有中国共产党高举武装抗日的旗帜,并号召国人积极抗日。1931年 9 月 20 日,中共中央发表《中国共产党为日本帝国主义强暴占领东三省事件宣言》,派周保中、赵一曼等到东北,加强党组织力量,协助与领导东北义勇军。1932 年起,中共在东北各地领导创建了十余支开展游击战争的队伍,并逐步将其发展为东北人民局部抗日斗争的主力。

九一八事变与中国青年

近代以来的中国饱受西方列强的欺凌,山河破碎,民不聊生。20 世纪初,我们为了推翻旧社会付出了艰苦卓绝的努力,但是,所有的成果在列强的侵略下一夜之间化为乌有。对比九一八事变前的日本与事变后的中国,我们不难感受到为什么 9 月 18 日被民间称为国耻日! 究其原因,无非就是在国家安危面前、人民危难之际,当局者置民族大义于不顾,"不抵抗政策"导致国人无辜惨死,国土沦陷,国家支离破碎,这就是奇耻大辱!

知史爱国,警钟长鸣! 2001 年 8 月 31 日,在九一八事变 70 周年之际,第九届全国人大常委会第 23 次会议根据《中华人民共和国国防教育法》决定,每年 9 月的第三个星期六为全民国防教育日。九一八事变 90 周年之际,我们迎来了第 21 个全民国防教育日,在这个日子开展国防教育非常适宜,非常有必要。

九一八事变对于新时代中国青年具有深远的教育意义，它告诫我们，要爱国、要团结、要抵抗！具体来说，我们要增强自身国防观念，提升国家安全意识，掌握潜在的国家安全威胁，提升捍卫领土主权的意识。在民族危难之际，要有以国家和人民的利益为重、舍小家为大家、团结一切可以团结的力量与恶势力斗争到底的精神！血的教训告诉我们唯有热爱伟大祖国，心系祖国安危，民族团结一致，才能具有坚定向着为实现中华民族伟大复兴的中国梦奋勇前进的志气！才能具有和一切挑战势力、风险做抗争的骨气！才能具有在任何时候面对复杂多变的形势也不慌乱的底气！使命的重担已经传承到我们青年一代！勿忘国耻，让警钟长鸣！鸣响中国青年的志气，鸣响中国青年的骨气，鸣响中国青年的底气！

维护国家安全、领土完整是我们对同胞最好的纪念！警钟长鸣，更要警钟常鸣！

2021 年 9 月 27 日

关于非团员大学生能否直接申请入党的解答

　　在新生入学教育期间，我们通过主题班会开展了大学生入党启蒙教育，引导共青团员积极向党组织靠拢。随后，陆续有"群众"身份的同学前来咨询关于非团员大学生能否直接申请入党的问题。针对此问题，我通过查阅资料，为同学们做了详细解答，并在学院层面广泛宣传。

非团员大学生可以申请入党

　　根据《中国共产党章程》第一章第一条规定："年满 18 周岁的中国工人、农民、军人、知识分子和其他社会阶层的先进分子，承认党的纲领和章程，愿意参加一个组织并在其中积极工作，执行党的决议和按期交纳党费的，可以申请加入中国共产党。"所以，从党章来看，并没有要求只有共青团员才可以入党。非团员且符合党章第一章规定的在读大学生也可以申请入党。但是需要注意其中的一个关键词——先进分子。大学生如何体现先进性呢？

党员发展程序及党和中国共产主义青年团的关系

　　积极要求上进的青年大学生，应首先加入团组织。根据《中国共产党发展党员工作细则》（2014 年印发）（以下简称《细则》），党员发展程序主要包含入党申请书的提交，入党积极分子的确定和培养教育，发展对象的确定和考察，预备党员的接收，预备党员的教育、考察和转正等五项环节。其中，《细则》第八条规定："在入党申请人中确定入党积极分子，应当采取党员推荐、群团组织推优等方式产生人选，由支部委员会（不设支部委员会的由支部大会）研究决定，并报上级党委备案。"同时，《中国共产党章程》第十章第五十一条规定："中国共产主义青年团是中国共产党领导的先进青年的群团组织，是广大青年在实践中学习中国特色社会主义和共产主义的学校，是党的助手和后备军。"由中共中央组织部主管主办的党建读物出版社出版的《发展党员工作手册》在第 45 条关于"入党积极分子的确定和培养教育"中作了如下规定："一个青年政治上积极要求上进，应首先加入共青团组织。28 周岁以下的青年入党，一般应从团员中发展，发展团员入党一般应经过团组织推荐。长期以来，发展党员工作始终强调了这样一个要求。共青团员已经成为党组织发展青年党员的主要来源。"28 岁以下的青年，基本覆盖了大学生的年龄段，从原则上明确了大学推优应由所在班级的团支部推荐产生入党积极分子，即一般由团支部面向团员开展这项工作。"一般应"的表述虽然没有涵盖全部可能性，但无疑强调了团组织的作用和团员的身份，相比于非团员，团组织对于具有团员身份的大学生的整体表现会更了解，因此就认可程度而言，团员一般会高于非团员。

基于上述规定以及实际工作中的做法，吸收大学生成为共产党员时，首先且主要从共青团员中考察与培养。积极要求上进且有入党意愿的非团员青年，可以写入党申请书，表明自己的态度和政治意向，但从发展程序上来说，还是需要先加入团组织。

关于政治面貌和入党动机认识与教育

非团员大学生首先要正确认识自己。申请入党的非团员大学生，要坚定加入党组织的理想和信念，切不可因为自己不是团员觉得"低人一等"，更不可自怨甚至对组织产生怀疑。在面对入党过程中的各项问题时，需从现实进行思考，理性分析自己的成长经历和个人履历。不管是主观还是客观原因，没有加入团组织确实意味着没有经历过团组织的考察和锻炼，也没有认真履行过团员的权利和义务，这些需要自己进一步学习和体会。同时也可以思考，与身边的优秀共青团员相比，自己是否存在差距，将其作为比学赶超的目标。

很多非团员大学生进入大学后，没有计较"早"或者"晚"的问题，积极向团组织提交入团申请书，以团员的标准要求自己，在加入团组织后，进一步努力向党组织靠拢，这是非常值得赞赏的。大学里入团不算晚，大学生追求加入党组织，追求的不应是早晚、快慢、利弊等外在的东西，而应从提升政治思想素质乃至整体素质入手，这才是新时代青年应有的站位，更是新时代青年应有的、合理的、端正的入党动机。大学生们要坚信，对于积极追求上进的有志青年，组织的大门始终为你打开。

2021 年 9 月 30 日

传承英雄志，砥砺爱国行

——写在中国第八个烈士纪念日之际

今天是 9 月 30 日，是国家法定的烈士纪念日。我和往常一样，在班级群里提醒同学们：今天是烈士纪念日，让我们一起缅怀中国最可爱的人！传承英雄志，砥砺爱国行！

我个人认为，从七月的暑假到国庆长假，这三个多月时间里，我们不能太过于"欢乐"，应该更多地怀念我们逝去的同胞，表达我们内心的哀思。所以，在各种场合，我都会向学生们分享我的这一理念。从"七七卢沟桥事变"到 8 月 15 日日本投降日、9 月 3 日抗战胜利纪念日、九一八事变 90 周年纪念日，再到 9 月 30 日烈士纪念日，三个月里面的这五个和中国人民息息相关的日子太重要了，这其中的每一个日子都承载了令人心痛的牺牲，无数同胞为了民族和人民奋不顾身，甘愿抛头颅，洒热血。我们生活在同胞们用生命换来的和平世界里，绝对不可以忘记他们，也要想想，能为他们做点什么！

在学习有关烈士纪念日设立的过程中，我自豪地发现也有学生发出的声音。早在 2006 年，国防大学研究生翟振华就建议设立牺牲军人纪念日，并举行全国性纪念活动。2014 年 8 月 31 日，十二届全国人大常委会第十次会议决定将 9 月 30 日设为烈士纪念日。自此，每年的 9 月 30 日成为我们纪念烈士、学习烈士精神、缅怀烈士功绩、提升爱国主义情怀、增强民族自豪感的又一个重要时间点。这里所说的烈士不仅包括战争年代壮烈牺牲的同胞，还包括那些为了祖国的社会主义革命、建设和改革而英勇献身的英雄模范。无论在何时何地，那些在历史各个时期为国家富强、民族振兴、人民幸福而顽强斗争的英雄模范们都值得我们敬仰和学习。

幸福的生活从哪里来？

明天就是国庆假期了，大家都在尽情享受节日的喜悦。然而，若无9月30日，何来10月1日？烈士纪念日定在国庆前一天更加深刻地昭示了中国从苦难到辉煌的艰难历程！没有这2 000多万英烈的牺牲，哪有我们如今的幸福生活！我们要永远纪念这2 000多万为国牺牲的英烈！2021年9月2日，第八批109位在韩志愿军烈士遗骸归国之前，中国驻韩大使邢海明在遗骸前肃立，弯下腰认真而庄重地在每一个志愿军烈士遗骸棺椁上仔仔细细、整整齐齐地覆盖上国旗，用手抚平褶皱并且向烈士遗骸深深鞠躬，向烈士们献上了最崇高的敬意。

我们必须做英雄们的代言人！

1924年3月，方志敏正式加入中国共产党的时候，他激动地写道："从此，我的一切，直到我的生命都交给党去了。"他的铮铮誓言在他的《可爱的中国》中也得到了回应！伟大的先烈们给了我们一个"可爱的中国"，我们也永远不会忘记中国最可爱的你们！新时代的中国青年定会传承英雄志，砥砺爱国行！

烈士是全体国人最值得敬仰的英雄。作为新时代的中国青年，我们必须努力学习英烈们的英勇事迹并将其作为自己的行动指南！同时，要敢于和那些歪曲、丑化、亵渎、否定烈士事迹或精神的人作斗争。我们大部分人可能只会平凡地度过自己的一生，不会有太多轰轰烈烈的故事。然而，能够为了家庭、社会和国家而热爱生活，坚守在自己的工作岗位，兢兢业业完成工作，这本身就是不平凡的事情。这也是缅怀烈士们最好的实际行动。

五星红旗在哪里，我们的心就在哪里！

前些天，我们都在关注孟晚舟女士回到祖国的事以及孟晚舟女士《月是故乡明，心安是归途》的推文。我印象最深刻的是这一句："我们祈祷和平，幸运的是，我们生在一个和平的时代；我们崇尚伟大，可贵的是，我们生在一个伟大的国家。"这个"和平"和"伟大"来自 2 000 多万烈士的前赴后继，是他们用鲜血换来了五星红旗在天安门前升起，换来了五星红旗能够飘扬在世界的各个角落！这一抹"中国红"，就是我们信仰的颜色！

人民英雄，我们永远怀念你们！

2021 年 10 月 1 日

万里长城，江山如画

——对影片《长津湖》的学习与思考*

今天是 2021 年 10 月 1 日，在庆祝祖国 72 华诞的同时，我也去观看了一部荡气回肠的抗美援朝题材影片——《长津湖》。这部影片正好在 9 月 30 日烈士纪念日这一天上映，正是向"最可爱的人"的致敬与纪念，也为我们党史学习教育提供了重要素材。

2020 年 10 月 23 日，在纪念中国人民志愿军抗美援朝出国作战 70 周年大会上，习近平总书记发表讲话，高度肯定了中国人民志愿军抗美援朝出国作战的历史意义。习近平总书记的讲话也进一步激发了国人对标先辈英雄，传承并弘扬伟大抗美援朝精神的情感。我对抗美援朝的最早认识源于经典老电影《英雄儿女》《上甘岭》以及课文《罗盛教》《邱少云》《谁是最可爱的人》等。《英雄赞歌》和《我的祖国》的优美旋律感染着我们，引领着一代又一代青年不断学习、不断回顾中华人民共和国成立后这场伟大的"立国之战"。近年来，有关抗美援朝题材的影片比较多，而且都备受关注，如 2016 年的《我的战争》，2020 年的《金刚川》以及现在的《长津湖》等，这些影片为国人学习有关历史提供了一个特别的视角。通过电影还原、再现的战争岁月，我们更深刻地理解了"为什么战旗美如画，英雄的鲜血染红了它"，能够自豪地呐喊"这是强大的祖国、是我生长的地方、在这片温暖的土地上、到处都有和平的阳光"，深刻学习并理解了以爱国主义为核心的伟大抗美援朝精神！

今天我想客串一回"影评人"，简单说说我对这部电影的理解。当然，我

---

* 本文于 2021 年 10 月 26 日发表于"高校辅导员联盟"微信公众平台。

不会从电影人的角度说电影，更不会从电影工业的角度评电影。《长津湖》是一部将近3小时的战争题材电影，国产电影中这样时长的片子并不多见。我之所以在上映之前就无比期待不仅是因为这部影片有强大的演员阵容，更多的还是因为它所呈现的内容——历史与战争，所以当影片中的红围巾扔向"四字弟弟"的时候，我完全不用担心剧情会走向战争爱情故事的老套路。土豆对火鸡、冰雕连对皮军装，还有一段段残酷的战场交锋给我们的内心带来了极大的震撼！这不仅是一次观影经历，更是一次深刻的爱国主义教育。影片内容不用我作过多的描绘，相信看过的同学内心都不会平静，泪水也会不自觉地流下来。影片中展现的不仅是残酷的战争场面，也有很多触动我们内心的人物、镜头与台词，这些都值得我们大学生学习并结合自身去深思。接下来，我将围绕"一个人、二镜头和三句话"来谈谈自己的看法。

伍万里的英雄情怀

相比于二哥伍千里，我更喜欢弟弟伍万里。影片里，他从一个渔村里的混小子、父母身边的心肝宝贝，成长为一名听从指挥、发挥自身特长、追求革命英雄情怀的保家卫国者。这种成长历程令人动容，因为他看到并领会了兄长们的英勇事迹，也因此确定了自己的价值观和责任，并全力以赴地付诸行动去实现它们，而且丝毫不动摇。也许你会觉得这仅仅是一个塑造出来的角色，现实生活中这样的人太少了，或者太难做到了。确实如此，但是我认为伍万里给我们青年人的启示很简单也很实用：成长的路上我们是不是需要给自己一个机会改变一下自己，让自己变得更好？是不是要找个榜样或标杆来引领自己，突破自我？是不是要提升站位，通过自己的努力为小家、为大家做些什么？

打开火车车厢门，万里长城，江山如画！

在乘火车赴朝的路上，我相信伍万里"怒"开火车车厢门后看到的这个画面不仅吸引了志愿军战士们的目光，也给所有观众留下了深刻的印象。延绵不断的万里长城，在红色夕阳的照耀下构成了一幅现实版的"千里江山图"。这幅红色江山图暗喻了无数革命先烈们用血肉筑就了新长城，换来了新中国,更展现了新中国百废待兴、欣欣向荣的美好前景。此情此景,我想到了"若有战,召必回"这句耳熟能详的口号。这六个字在电影里体现得淋漓尽致。伍千里和战士们在一道命令的召唤下,从全国各地集结,共同奔赴另一个战场!抗美援朝,保家卫国!还有毛岸英那句:"几十万老百姓的孩子,一道命令就上了战场,我毛岸英有什么理由不去?"生活在和平年代的我们,更应该时刻心系祖国,心怀随时为祖国而战的决心。这不仅是军人的责任,更是每一位中国人的责任,不仅在战争年代,在和平年代也当如此。

"别把我一个人扔在这里!"

这个镜头太让人潸然泪下了。原本打算落叶归根的雷公在无情的战火中,为了拯救更多战士们的生命选择了和敌人同归于尽!志愿军失去了一位军功卓越的老兵,战士们失去了一位慈祥的"父亲"!在电影中,雷公是一个为紧张的氛围带来喜剧色彩的开心果,也是一位呵护晚辈的大家长式人物。他之所以迟迟不愿给万里子弹,是因为"不想让他提前体验到战场上真正残酷的滋味!"战争对孩子们而言,太残酷了!事实上,我们的家长们何尝不是这样呢?他们是慈祥的父母,严格的父母,有时又是很逗的父母,他们一直在背后为我们的成长保驾护航,为我们默默承担了无数的风雨,只为我们能健康、平安!如今步入成年的我们更要对父母付出更多的关怀、理解与释怀,只有他们才是我们随时可以依靠的港湾!正如那句"父母在人生尚有来处,父母去人生只剩归途",父母一辈一直是我们最重要的亲人!雷爹请放心!胜利属于我们,战士们不会孤单,所有的战士们都会荣归故里。您看,2021年9月2日,第八批109位在韩志愿军烈士的遗骸归国了,自2014年以来,共有825位中国人民志愿军烈士的遗骸回家了。他们是您的战友,也是我们的亲人,我们将永远怀念你们!

"过了三八线,过不过鸭绿江啊?"

近代中国的屈辱史证明了落后就要挨打!正如电影中雷公两次所言:让你的敌人瞧得起你,那才叫硬气!抗美援朝出国作战的意义不言而喻,正因为"打得一拳开,免得百拳来",我们才能在世界上树立国威,才能换来至今的和平发展，才能实现志愿者军战士们"希望下一代，能够生长在一个没有硝烟的年代"的美好愿望！我们能够在电影院里回顾71年前的过去，就是因为先烈们替我们把仗打完了！不要再提诸如"朝鲜战争可以不打"的愚蠢言论了！这是对志愿军烈士们最大的不敬！71年过去了，如今任何人都不敢低估中国人民捍卫国家主权和领土完整的坚强决心、坚定意志、强大能力！

谈子为："没有冻不死的英雄，更没有打不死的英雄，只有军人的荣耀！"

前文提到的几部电影我认为有个共同特点：战争场面的残酷展现得淋漓尽致，志愿军战士们壮烈牺牲的镜头也拍得非常写实。虽然有特效的呈现，但是我们认为这是符合实际的，正如纪录片《冰雪长津湖》和老战士们所言：历史上的长津湖战役和整个抗美援朝战争远比电影里更残酷、更震撼！全连冻成冰雕，战士们在绝境中写下的绝笔诗更是让人潸然泪下……还有特级战斗英雄杨根思、黄继光、邱少云等！为了民族独立、人民解放，中国军人先后取得了二万五千里长征、抗日战争、解放战争的伟大胜利，这正是中国军人的荣耀之源！就算土豆加雪水，小米加步枪，我们还是有"钢少气多"的气概！志愿军战士的冰雪丰碑让美帝国主义低下了不可一世的头颅，美军师长史密斯说对了："我们永远不可能战胜这样的军队！"这就是中国军人荣耀的传承，更是中国军人的最高荣耀！

梅生："我这次回家，每次出门上街，都有人对我点头微笑，他们不认识我，但是认识我身上的军装。"

来自人民的这支军队自1927年8月1日成立以来，一直是人民的忠实守护者。因为穿着这身军装的人是不会拿群众一针一线的人，因为穿着这身军装的人是自己有一床棉被也会分一半给群众的人！因为穿着这身军装的人才是始终同人民群众血肉相连、风雨同舟、同甘共苦的人。也只有穿着这身军装的人才能和百姓一起用小车推出淮海战役的胜利，用小船划出渡江战役的胜利。在新时代，他们是排雷英雄杜富国、戍边英烈陈红军、投身抗震和抗洪救灾的解放军战士、投笔从戎的广大大学生军人！就是因为新时代有这些可爱的人,才让国家的繁荣,无数家庭的幸福美满成为可能!真的,哪有什么岁月静好,都是因为穿着这一身军装的人在为我们负重前行!这一身军装为我们守护着祖国的大地、祖国的蓝天、祖国的江海!今天是2021年10月1日,新修订通过的《中华人民共和国兵役法》正式施行,国家在努力对军人做出更全面的保障。让我们对军人更多一份尊重,多一些照顾,"军人优先",军人必须优先!

显然,我的"影评"是不专业的,也充满了本职工作的色彩,但是,我希望青年大学生们今年在感受烈士纪念日之后的国庆欢乐的同时,也通过这部电影给自己上一堂爱国主义教育课,铭记历史,不忘先烈,珍惜和平,砥砺前行!这就是对先烈们最好的纪念。我们对先烈们的纪念就是《长津湖》最美的"彩蛋"!

2021 年 10 月 10 日

一次纪念，更是一次中华民族精神的凝聚！

——写在辛亥革命 110 周年之际

　　前面的文章里曾提到 2021 年逢十的纪念日特别多，这不，下半年又迎来一个非常重要的日子——辛亥革命 110 周年。2021 年 10 月 9 日上午 10 时，纪念辛亥革命 110 周年大会在北京人民大会堂隆重举行。习近平总书记在大会上发表了重要讲话并指出："中国共产党人是孙中山先生革命事业最坚定的支持者、最忠诚的合作者、最忠实的继承者。"

　　我们可以借用毛主席的"古今中外法"来探讨辛亥革命对于中华民族的重要性。我们都知道，在西方列强的压迫下，近代的中国，民族蒙羞、国家蒙难、文明蒙尘，从"天国梦"到"洋务梦"再到"维新梦"，一次次尝试最终都以失败告终。直到 1911 年 10 月，辛亥革命爆发，深陷苦难的中华民族终于迎来了曙光。孙中山先生领导的这场辛亥革命开创了完全意义上的近代民族民主革命。它赶跑了皇帝，结束了君主专制制度，建立起共和政体，推动了中国社会变革。更为重要的是，辛亥革命将百姓包容到一个中国之下，使"中国人"的概念深入国民意识，凝聚了"中国人"，增强了"中国人"的心理认同感和归属感。从此，中国大地不再隶属于某个朝代、某个民族，"中国人"从此也取代了"大唐子民""大清子民"，并在中国共产党的领导下携手开启了中华民族伟大复兴的新征程！除了推动国内社会变革外，辛亥革命的影响力也延伸到东南亚其他国家，为他们提供了"中国方案"，对反殖民主义斗争、反压迫求解放运动产生了广泛影响。

　　讲到辛亥革命，我们首先会想到这场重要历史事件的领导人——"国父"孙中山先生。在此，我想分享一则我亲身经历的相关小故事。2017 年，因为工作需要,我前往祖国的宝岛台湾进行考察和学习。其间,当我们在校园里见到巨大的孙中山画像时不由得肃然起敬,露出十分崇敬的神情,台湾同胞十分不解地问道:

"你们也对国父如此尊敬吗?"当时我直接回复:"那是当然的,孙中山先生可是民族英雄! 我们都敬仰他! 上海孙中山故居纪念馆、南京中山陵都是我们重要的爱国主义教育基地。"

大家都知道天安门城楼上悬挂着我们伟大领袖毛主席的画像,但大家可能不知道,1949 年 10 月 1 日的开国大典上,孙中山先生的画像也被摆放在天安门广场。1989 年 4 月,中央对节日礼仪活动改革之后规定,此后的劳动节和国庆节期间天安门广场只竖立孙中山画像,不再竖立马克思、恩格斯、列宁、斯大林等导师的画像。理由很简单:因为世界上大多数国家节日期间都只悬挂本国民族英雄画像。自此,天安门广场上的肖像一直保持这样的格局。

从以上小故事和相关要求我们可以知道:孙中山先生是我们中华民族的英雄,不会因为历史的发展与时代的变化而改变。

诚然,我们从历史的角度辩证地看辛亥革命时,也能看到孙中山先生领导的这场革命的局限性。但是,我们也应该知道,中国共产党带领全国人民也是历经百年征程,经过不断革命、斗争、革新,才走到如今的新时代,并实现了全面建成小康社会这样一个举世瞩目的成绩的。从这个角度来看,历史长河中这一场"瞬时"般的革命确实不能改变全部,要实现民族复兴的伟大使命,我们需要一个为国为民的团体作为核心,要以充分的时间为保证,以一代代仁人志士的前赴后继为依托。正是以孙中山先生为代表的辛亥革命先驱为我们的奋斗指明了方向。习近平总书记在纪念孙中山先生诞辰150 周年大会上指出:"在他(孙中山)生前,中国共产党人坚定支持孙中山先生的事业。在他身后,中国共产党人忠实继承孙中山先生的遗志,团结带领全国各族人民英勇奋斗、继续前进,付出巨大牺牲,完成了孙中山先生的未竟事业。"从辛亥革命之后不久便开始的新民主主义革命,到中华人民共和国成立以来的社会主义革命和建设,再到改革开放和社会主义现代化建设,到如今的中国特色社会主义新时代,在这百年征程中,有数不胜数的中国人不怕牺牲、敢于斗争，经受了生与死的考验，为争取民族独立、人民解放、祖国统一而冲锋陷阵，抛头颅，洒热血。

辛亥革命的发生与中国共产党的成立。我们常说"十月革命一声炮响，给我们送来了马克思列宁主义"，然而正是辛亥革命的惊天一声雷，推动了人民的思想觉醒，促进了人民的思想解放，并召唤了新文化运动和五四运动，从而打开了马克思主义在中国广泛传播的大门，并催生了中国共产党！对于这一点，正如毛主席所指出的："我们研究党史，只从一九二一年起还不能完全说明问题，恐怕要有前面这部分的材料说明共产党的前身……从辛亥革命说起差不多，从五四运动说起可能更好。"

从 1911 年到 1921 年，从"振兴中华"到"民族复兴"，从辛亥革命到中国共产党成立，中国共产党人顺应历史的潮流接过了这份神圣的使命。

辛亥革命的发生与中华民族的伟大复兴。毛主席在《纪念孙中山先生》一文中说："现代中国人，除了一小撮反动分子以外，都是孙先生革命事业的继承者"，"我们完成了孙先生没有完成的民主革命，并且把这个革命发展为社会主义革命。我们正在完成这个革命"。孙中山先生在《建国方略》中曾详细勾画过未来中国的建设蓝图。如今，我们可以自豪地告慰孙先生：在"辛亥革命"这项伟业的肩膀上，中国共产党在成长和发展过程中逐步确立了坚强、团结的领导核心，建立了一支可靠的人民武装力量，发动了最广大的人民群众，大家同仇敌忾，为实现民族复兴而努力奋斗。在中国共产党的领导下，中华民族已经完成了从站起来、富起来，到强起来的伟大飞跃，并正向着第二个百年奋斗目标前进，我们比历史上任何一个时候都要接近中华民族伟大复兴。我们创造出的许多成就远远超出了孙中山先生的设想，但是这一切都源于孙中山先生发起的这场伟大的革命。

一次纪念，更是一次中华民族精神的凝聚。辛亥革命以来的 110 年里，中华民族经历了太多的波澜壮阔。一代代中华儿女迎难而上，艰苦奋斗。如今，伟大复兴的接力棒传到了我们手上！让我们一起学习并传承辛亥革命先驱们热爱祖国、天下为公、追求真理、坚韧不拔的优秀品质，携手向着中华民族伟大复兴的目标继续奋勇前进！

2021 年 11 月 11 日

厚植劳模文化，创新劳动教育，
为学生打好成才底色 *

我于 2013 年 7 月参加工作，现为上海第二工业大学高等职业技术（国际）学院辅导员、学生党支部书记、校第五次党代会代表，也是首届进博会长期管理岗位志愿者。

我牢记高校辅导员使命，自觉践行"四有好老师"标准，全身心投入学生工作第一线。我充分结合学校劳模文化育人的传统及优势，积极探索以劳动教育为核心的多元育人途径，将劳动教育融入学生日常思政教育全过程；创新推进劳动教育与学生职涯发展相结合，劳动教育与志愿服务相结合，引导学生树立劳动自立、劳动自强、劳动创新的意识和向上向善的劳动品德。我曾获全国学校共青团优秀研究成果二等奖；上海市青年五四奖章、上海市优秀志愿者；校优秀学生思想政治工作者、学生心目中的好老师等荣誉。

坚持劳模文化与思政教育相结合，做学生思想成长的引路人

我充分利用学校独特的劳模文化育人功能及优势，聚焦劳模文化与思政教育的"三个融合"（融入主题班会课堂、融入劳动实践课堂、融入网络育人课堂），让劳模精神成为青年大学生成长成才的精神动力，并引导学生逐步形成正确的劳动价值观。

理论学习有聚焦：我注重将包起帆、李斌等劳模校友的故事作为鲜活素材融入学生主题班会、入党启蒙教育、征兵入伍宣传、无偿献血动员等环节，

---

* 本文为作者参加"2021 上海高校辅导员年度人物"评选活动中提交的个人事迹材料文稿，收入本书中略有修正。

将学生思想引领与劳模文化学习、劳模精神传承、劳动教育实践相结合。在"形势与政策"课教学中，我在学校包起帆创新之路展示馆、劳模文化长廊、包起帆抓斗等劳模文化地标现场授课，开展情景体验式教学，充分发挥劳模精神的政治性、引领性、示范性作用；积极组织学生参加学校"劳模进校园"等主题活动，带领学生与劳模面对面，聆听劳模故事，深入理解劳模文化，增强对劳模文化的认同；我组织班级成立"品读习近平总书记故事，肩负民族复兴使命"红色学习小组，通过组织学习《习近平与大学生朋友们》等著作，让党的劳动教育旗帜思想入脑入心。

实践教育共参与：在理论学习的基础上，我注重对学生的日常劳动教育，坚持劳动教育与志愿服务、社会实践相结合，强化劳动实践育人。我策划开展"以劳强体"劳动教育活动，号召学生通过身体力行"在家中做一次劳动者，在学校做一次劳动者，在社区做一次劳动者"，感受劳动所带来的收获和乐趣。这一活动成功吸引了全校师生的积极参与，累计收到师生劳动视频30余部、劳动照片200余张，劳动心得体会100余篇，并形成《我的劳动日记》汇编。"以劳强体"活动充分将学校教育、家庭教育和社会教育进行多方位融合，为学校劳动教育实践贡献力量的同时，也引导学生个体形成了尊重劳动、热爱劳动的真挚情感。

网络课堂同助力：我充分借助互联网，搭建劳模文化网络育人课堂，带领学生开展劳模故事学习、劳模精神宣讲等微课程的录制与传播，增强劳动教育的感染力、吸引力，弘扬劳动主旋律。我与学生围绕社会主义核心价值观共同开展的主题学习课程"明天，你也会是劳模"荣获上海学校共青团"四史"微团课大赛三等奖；我致敬新时代脱贫攻坚劳动者黄文秀的网文《追忆百色女儿黄文秀 致敬脱贫攻坚奋斗者》被校报转载宣传；我还和小伙伴们策划开展了"'七彩云南'知识种子孵化行动"公益活动，通过线上"云互动"，让大学生们将"抓斗大王"包起帆的故事传到彩云之南，并通过"云结对"让班级同学将自身学习劳模精神、争做大国工匠的实践经历以及二工大劳模文化故事传播到千里之外。我鼓励同学们把学习劳模精神、传播劳模精神和祖国的脱贫攻坚事业结合起来，以此激发学生们厚植家国的情怀。"'七彩云南'知识种子孵化行动"公益活动被青春上海、西部志愿汇、牟定在线等多家媒体关注和报道。

我聚焦劳模文化的思想政治教育在三个课堂实现融合互动,使学生思想引领实现零距离,累计所带的近千名学生思想进步,心怀感恩,学业优良,志于奉献。我累计发展学生党员 25 人,学生中参军 30 人、献血 330 余人;指导多个班级、团队获得"上海市五四红旗团支部"等荣誉、校社会实践优秀项目立项;指导学生侯代祥等人获得上海市"感党恩·念党情——我的故事给党听"献礼建党 100 周年主题征文二等奖、校优秀志愿者、校年度人物(公益实践类)等荣誉。

推动劳动教育与志愿服务相结合,做学生劳动素养形成的塑造者

我关注新时代劳动教育的特点,围绕以"服务性劳动"为代表的新时代劳动形态开展多元化劳动教育。我创新推动劳动教育与志愿服务相结合,并初步形成"三化—四结合"的劳动教育实践品牌,即劳动教育与志愿服务相结合,劳动教育与专业实践相结合,志愿服务与个人成长相结合,国内服务与国际影响相结合,达到劳动教育的专业化、品牌化、国际化。对学生劳动态度、知识、能力、习惯等基本劳动素养的塑造效果明显。

凝聚专业特色,劳动教育更专业化:我创新融合专业实践和志愿服务,开展创造性劳动教育;以学院眼视光技术和人物形象设计等现代服务性专业为基础,成立"亮眼服务队""靓丽妆容服务队"等专业志愿服务团队,激发学生专业技能学习的主动性与积极性,形成劳动教育与学习态度的正强化。这一行动效果显著,其中"亮眼服务队"荣获"上海市青年五四奖章(集体)"等荣誉。

建立劳动基地,劳动教育呈品牌化:我带领高职青年走出校园,走进社区,在以劳动服务社会的过程中引导学生内化劳模精神,增强劳动精神认同;促进学院先后与浦东曹路镇、高桥镇团委、花木街道团工委、黄浦缘梦志愿服务社等单位结对并建立劳动基地;积极担任垃圾分类倡导者、绿色环保宣传者等,形成永华苑社区、滨江森林公园等地的品牌志愿服务项目。

理论实践同行,劳动教育显国际化:2019 年 12 月初,我连续五年共计五次组织高职青年参加国际滑联短道速滑世界杯上海站系列赛事志愿服务工

作，创新推动劳动教育国内与国际贯通。五年来，累计有550余名学生参加此项志愿者工作，涉及学院全部21个专业，服务近1.5万人。我将体育赛事工作岗位与学院体育、酒店、会展等专业充分结合，并发挥中外合作专业的语言优势，实现专业实践与志愿服务并进的劳动育人模式。更重要的是，"小冰花"们在国际舞台上的实践经历，促使劳动教育升华到为国家服务的层面，实现了劳动教育与强化国家认同的充分结合。在实践的基础上，我完成了《国际性赛事志愿服务融入大学生爱国主义教育的调查研究》论文。

基于"三化—四结合"丰富的劳动教育实践成果，我所带团队、学生先后荣获上海市五四特色团委、上海优秀慈善义工集体等6项市级集体荣誉、上海市优秀共青团员等11项市级个人荣誉。此外，相关项目还荣获浦东新区优秀青年公益项目、校优秀青年志愿者服务项目等荣誉称号。

坚持劳动教育与职涯教育相结合，做学生劳动精神形成的培育者

我坚持劳动教育与职业生涯发展相融合，强化劳动教育与就业工作的全过程融合，落实学校注重职业技能、职业信用、职业特色的人才培养目标，培育学生崇尚劳动、热爱劳动、辛勤劳动、诚实劳动的劳动精神，并在劳动创造美好生活的奋斗理念中实践劳动精神。

树立职业理想，筑梦启航：自新生入校以来，我以学校学业规划大赛为契机，借助学校丰厚的劳模文化资源，结合学生航空维修专业深入开展直接服务于生涯发展定位的学业规划教育，引导学生将个人梦融入专业梦，投入建设航天强国的伟大梦想之中。

端正职业理想，专业领航：在学生大二阶段，我积极开展"'初心·奋斗'高职校友就业与成长"论坛沙龙，通过展现新时代劳动者的风采，以人格魅力和榜样为示范，涵养学生劳动情怀，引领学生成长；我带领学生开展创新创业实践和"挑战杯"科技竞赛活动，促使大学生在创新劳动体验中激发创新热情，提升专业实践能力，不断理解并内化行业道德规范和行为准则，达到在潜移默化中端正劳动观念和职业理想、提高学生专业学习兴趣、促进学风建设的目的。

感悟职业理想，梦想远航：在学生毕业年级，作为学院"CIVE 职通车职

业生涯工作室"首批职业导师,我借助学院丰厚的校企合作资源积极指导学生,带领学生深入上飞、波音、春秋航空等企业生产一线,现场感悟"甘做祖国航天航空事业一颗螺丝钉"的深刻内涵,传导将个人职业理想和社会共同理想相结合的理念,塑造时代新人。

以劳动教育为引领,我指导的学生在成长中既能"看得到未来",又能"把握住现在",并逐步形成辛勤劳动、艰苦奋斗、淡泊名利、甘于奉献的职业道德品质和劳动习惯。2022届毕业班19机制02(航空维修)的30名学生在近三年的学业规划与职业指导下取得不俗成绩,有20人分别和上飞、春秋航空、波音等单位签约,成为高职学院2022届毕业生就业工作示范。

疫情以来我所带的2020届、2021届毕业班成为学校就业率最先达到100%的班级,连续两年成为就业逆流中的一束强光,为学院的就业工作注入了强大的活力。我所带的学生中涌现出多位像周先恩这样投身"西部计划"志愿者队伍的毕业生,为祖国的脱贫攻坚事业贡献了力量;还有多位毕业生党员,如霍培阳等,毕业后立即入伍,奔赴保家卫国第一线;更有以石博辉等为代表的毕业生党员和优秀青年们,投身C919等基层工作一线,实践专业梦,传承二工大的劳模精神,争做大国工匠。

星空不问赶路人,岁月不负有心人！我会继续扎根学生工作一线,厚植劳模文化,创新劳动教育,为学生打好成才底色,为学生人生幸福奠定坚实基础。

2022 年 2 月 1 日

万里长城，江山如画(二)

农历庚寅虎年(1950)的年末，中国人民志愿军第九兵团在朝鲜长津湖地区虎虎生威，三炸水门桥，成功歼灭了美军"北极熊"整团。72 年后的农历壬寅虎年(2022)的第一天，记录这一历史的影片《长津湖之水门桥》(以下简称《水门桥》)如约而至。转眼六个轮回过去了，再次向"最可爱的人"致敬并道一声过年好！

关于抗美援朝，有四个时间点值得铭记：1950 年 10 月，中国人民志愿军英勇入朝开战；1953 年 7 月，各方代表签署停战协定，为维护朝鲜半岛和平作出了重要贡献；1958 年 10 月，最后一批志愿军返回祖国；1994 年 12 月，志愿军代表团全部离开板门店，正式完成了抗美援朝的历史使命。"长津湖战役"只是抗美援朝战争第一阶段中的第二次战役，但它是中国人民志愿军"以气胜钢"的真实写照，对最终达成《朝鲜停战协定》也起到了重要作用！坦白地讲，在 2021 年《长津湖》上映之前，我对抗美援朝的认识仅仅停留在"课本学习"的层面，甚至也是第一次听说"长津湖"这个地名。我知道抗美援朝对于祖国的重要意义，也认真学习过伟大的抗美援朝精神，并和学生们进行过分享与交流。但《长津湖》让我受到了强烈的震撼，它带我深入历史，让我明白自己需要进一步提高对这段历史的学习和了解。

去年，我看完电影《长津湖》并重新学习这段历史之后，在自己的小文《万里长城，江山如画》中曾写过这样一句话："历史上的长津湖战役和整个抗美援朝战争远比电影里更残酷，更震撼！"《水门桥》把这种"更残酷、更震撼"表现得淋漓尽致。《长津湖》中还有一些非战争场面，有一些轻松，甚至欢快的镜头，但《水门桥》则是开篇即开战，一部彻底的战争电影。观影过程中,你会被带入战场,会情不自禁地落泪,但眼泪的落下不仅仅是因为感动了,更多的时候是因为"害怕"。因为战争的残酷而感到害怕,这是一种前所未有的体验!《长津湖》的结尾是胜利的,让我们对伍千里回家盖房子、梅生教会闺女算术、战士们将雷公带回家等产生了联想与期待。然而,历史上"水门桥"战役残酷又无奈的结果早已经告诉我们《水门桥》悲壮的结局了。"应到一百五十七人,实到一人"告诉我,上述期待的结局都不会发生,这彻底打破了我内心最后的防线。

我非常建议同学们去看看《水门桥》,更加建议大家先认真研究一下抗美援朝战争以及长津湖战役的有关历史,带着对这段历史的一定认知和体会去观看。和上一篇"影评"不同,这次我想通过以下几个问题,和同学们分享一下我的一些思考与体会。

是什么让伍万里完成蜕变

从一个在河边嬉戏打闹的普通少年成长为志愿军战士,从战场上"擅自行动"的冲动小伙到可以配合执行作战计划的优秀战士,从"打倒二十人,成就英雄"的个人小算盘上升为一个人扛起七连荣耀、恢复七连建制的英雄壮举,两部影片中,万里呈现出了完全不一样的特质。也许你第一时间会觉得,是残酷的战争让万里成长了。我完全同意这个观点,但是我认为万里的成长可能不仅仅是因为战争,两部电影其实也给出了答案,概括起来就是:"听党指挥、能打胜仗、作风优良。"

这句标语我们再熟悉不过了,它是党在新形势下的强军目标,由习近平总书记在出席十二届全国人大一次会议解放军代表团全体会议时提出。军队里的"听党指挥"可以追溯到南昌起义以及"三湾改编"。现在每年都有许多青年大学生积极投身军营,实践习近平总书记这句响亮的号召,投笔从戎,保家卫国。

万里为什么要去打仗?早在《长津湖》里,司令员宋时轮已经道出了原因,万里是为了感谢共产党给他们家分了土地,因为感党恩而参军的!在战场上,雷爹、谈子为等为了军人的荣耀牺牲了生命;指导员梅生和连长伍千里带领的第七穿插连虽然只剩九名党员,但还是能够将命令执行到底,直到

"完成任务"！这一切，万里都亲眼目睹，并深深地刻在了心里。从百里到千里再到万里，从平河、余从戎再到梅生，中国军人的荣耀深深感染并激励着万里。正如他自己所言："百里是我哥，你也是我哥，七连的战士都是我哥……"如今，第七穿插连只剩下他一人，他肩负着776名战士的荣耀，"恢复七连建制"，带领七连继续前进，让七连精神永存成了他不可推卸的使命！

我认为万里的成长过程也可以看作我们这代中国青年的缩影。看看我们自己是不是也是这样的呢？在成长的路上，我们享受着党和国家给我们提供的各种利惠政策和好环境。我们有父母、师长等铺路人、引路人的悉心照顾、谆谆教诲与包容。虽然我们难免会有莽撞，偶尔会有点自己的任性，也会犯点"无组织无纪律"的小错误，但是，我们总能不断成长，找到自己正确的前进方向并不断去努力奔跑、飞翔！现在去回想长辈们、师长们为我们付出的良苦用心，我们可能会为自己曾经的那些以自我为中心的不成熟的思想而感到羞愧。我们不能忘记，抗美援朝战争也是"青春的战场"，许多志愿军战士都是和我们同龄的年轻人，甚至比我们更小。我们没有经历战争岁月，但是我们要和他们一样，承接中国军人的荣耀并一代代前赴后继地传承下去，将这份荣耀融入实现中华民族伟大复兴的中国梦的实际行动中去。

如何理解红围巾的内涵

影片的最后，《长津湖》里的那条红围巾再次出现在观众的视野中，它在枝头迎风飘扬，在皑皑白雪下显得异常醒目。如果没有《水门桥》，这条围巾可能不会有太多的内涵，但是，在全连队就剩一人的情况下，再加上史密斯对美军警示的解读，我深刻体会到这已经不仅仅是一条围巾了，更是我们的战旗、五星红旗，也代表了我们的新中国！红围巾出现的次数不多，甚至可能会被观众们忽略，然而它一直被万里保存着！它不会因为战火而遗失、毁坏，所以也就会有战士们在生死决战之前遥望祖国的方向及边界，并向祖国庄严敬礼！

影片结尾的这条红围巾对于我们每一个身处和平年代的人都有深刻的教育意义。它时刻警示着我们：新中国来之不易，只有不忘历史，居安思危，将对祖国的热爱融入血液当中，流淌在身体的每一个角落里，才是对先烈们最好的纪念,也是对"抗美援朝,保家卫国""打得一拳开,免得百拳来"的最好诠释。所以,就算剩下最后一个人,战士也不会让国旗坠落!它也教育我们要时刻心系祖国:无论我们身处何方,都要努力在自己的领域发光发热,树立一面旗帜,为党旗争光,为五星红旗添彩。正如"七一勋章"获得者丽江华坪女高校长张桂梅在建校初期对仅有的五名党员教师所言:"战争年代,哪怕剩下最后一名战士,都会坚守阵地,我们现在还有六名党员呢,难道要放弃阵地吗?"张校长以"革命传统立校,红色文化育人"为办学宗旨,带领大家克服种种困难,使华坪女高逐步成为全国脱贫攻坚战线上一面伟大的旗帜。这就是旗帜的力量!所以,影片中才会有指导员梅生专门组织战士们打掉美军的制高点及其国旗的一幕!

2022年2月2日

我们确实以气胜钢,但是光靠气够吗

　　看完《水门桥》之后,我的内心还有一个感叹,那就是:美军确实厉害,他们拥有强大的制空能力、海上作战能力以及后勤保障体系。战机坦克源源不断,钢铁桥梁还能从天上来!为了"三炸水门桥",志愿军战士们拼到最后一个人,还是没能阻止美军的前进!抗美援朝战争中,我们确实是"以气胜钢",但是人家的"钢"也太多了!抗美援朝战争也反映了中华人民共和国刚成立时国家一穷二白、综合国力远远落后的事实。通过抗美援朝战争,我们也深刻意识到:仅仅让国家站起来还远远不够,只有国家强大了,我们才有立于世界之林的底气、硬气!"气"固然重要,但是"钢"也不能少!

　　影片中有一个场景,余从戎向千里介绍能够直上直下的美军直升飞机,期盼着什么时候我们自己也能有!30年后的1980年,解放军高级将领刘华清首次登上了美国航空母舰,航母强大的气势让他心里久久难以平静。自此,"中国不发展航母,我死不瞑目!"成为海军司令员刘老的余生明志誓言!2011年,中国的航母启航了,但遗憾的是刘老也离开了我们。自1956年起,党中央和毛主席果断地做出了研制"两弹一星"的战略决策。在伟人的正确决策下,我们独立自主、举全国之力,成功研制出了核武器和卫星。正如邓小平同志所言:"如果60年代以来中国没有原子弹、氢弹和卫星,中国就不能成为拥有重要影响力的大国,就不会有现在这样的国际地位。这些东西反映了一个民族的能力,也是一个民族、一个国家兴旺发达的标志。"

　　转眼六个轮回过去了,如今的中华人民共和国不仅已经站起来,更富起来、强起来了!祖国在国际上不仅具有了强硬的话语权,还在"人类命运共同体"理念的指导下发出"一带一路"倡议,为世界谋大同。余从戎想要的直升飞机早就有了！阅兵的飞机也不用再飞一遍了。"辽宁号""山东号"航空母舰也相继入水了。现在，五星红旗可以插在珠峰之巅，地球的两极，更可以上天、下海，无所不及，这盛世终于如先烈、先辈们所愿！

72 年前的无数青年为了新中国，在一声号令之下，重新回到战场，保家卫国。72 年后的今天，我们也要肩负起这一份荣耀，传承先烈们的精神，实践"请党放心，强国有我"的铮铮誓言！

2023年3月10日

强军使命扛上肩，民族复兴共奋斗[*]

党的二十大报告在第十二部分作了"实现建军一百年奋斗目标，开创国防和军队现代化新局面"的专题论述，并指出如期实现建军一百年奋斗目标，加快把人民军队建成世界一流军队，是全面建设社会主义现代化国家的战略要求。报告中同时强调，人民军队始终是党和人民完全可以信赖的英雄军队。人民军队有信心、有能力维护国家主权、统一和领土完整；有信心、有能力为实现中华民族伟大复兴提供战略支撑；有信心、有能力为世界和平与发展作出更大贡献！

如何将报告中新时代党的强军思想、军事战略方针等内容有效传达给学生是高校思想政治引领工作的重要任务。学习党的强军思想，不仅可以引导青年大学生深刻把握强国强军内在统一的基本规律，更能让大学生们深刻领会强国必须强军，军强才能国安的历史昭示，并将其内化于心、付诸于行。

回顾历史，人民军队诞生于中国革命最危难之际。1927年4月，蒋介石在上海发动了震惊中外的四一二反革命政变，对共产党员和革命人士进行大肆抓捕和屠杀。包括李大钊在内的31万名共产党员和革命群众被反革命势力杀害。面对此种形势，中国共产党逐步认识到独立领导武装力量的重要性。为了挽救革命，1927年8月，南昌城头的一声枪响像划破夜空的一道闪电，宣示由中国共产党独立领导的武装斗争和属于人民的军队走上了历史舞台。从此，中国人民在黑暗中看到了革命的希望，在逆境中看到了团结

＊ 本文为作者结合党的二十大精神学习，围绕自身学生工作实际开展的一次微党课的文稿。

奋起的力量。

2021 年 9 月 29 日，党中央批准并发布了中央宣传部梳理的第一批纳入中国共产党人精神谱系的伟大精神。经过研究发现，在这 46 种精神中大约有三分之一来源于人民军队、中国军人或者与他们有关联，如长征精神、抗战精神、抗美援朝精神、抗洪救灾精神等。在自 1927 年至今的近百年辉煌历程中，无论是在新民主主义革命时期、社会主义革命和建设时期、改革开放和社会主义现代化建设新时期还是在中国特色社会主义新时代，人民军队始终保持丹心向党，成为捍卫国家主权、安全、发展利益的钢铁长城；成为全心全意服务人民，救人民于水火的先行者、逆行者。国家从站起来、富起来再到强起来的伟大飞跃过程离不开这支英雄的人民军队。

英雄的人民军队背后是一位位英雄的中国军人。

"我叫解放军，家就住在中国！"这是人民勤务员雷锋同志做好事后留下的一句淳朴的自我介绍！

"你退后，让我来！"这是扫雷英雄杜富国在雷场上，奋不顾身毅然护卫战友的抉择之音！

"清澈的爱，只为中国！"这是年轻的戍边英烈陈祥榕守卫祖国安全和人民幸福安宁的铮铮誓言！

他们中，当然也有我们可爱的青年大学生们！就在几天前，我们几位应届毕业生已经奔赴军营，他们立志将个人发展融入祖国伟大的强军事业征程中。

建军近百年来，中国军人早已成为人民最为尊重与信赖的群体，更是一代代中国青年成长、进步的榜样。

在毛泽东等老一辈革命家为雷锋同志题词 60 周年之际，习近平总书记对深入开展学雷锋活动也作出了重要指示，强调要深刻把握雷锋精神的时代内涵，让学雷锋在人民群众特别是青少年中形成风气，让雷锋精神在新时代绽放更加璀璨的光芒。

回顾 2013 年以来的学生工作，我也一直将"橄榄绿"这一抹青春最亮丽的颜色作为自己工作的重要组成部分，带领同学们致敬中国军人，以期为强军事业贡献绵薄之力。

（1）围绕中国人民抗日战争胜利纪念日，结合新生入学教育开展"青春迷彩，铭记历史"爱国主义教育实践活动，扎实推进致敬先烈的感恩教育。

（2）结合大学生军训，开展"军民拉歌大联欢"，带领同学们深刻感受军营的火热气息与浓浓的军民鱼水情，激发同学们对军营的向往之情。

（3）在学院的"'初心奋斗'就业论坛"中，通过邀请退伍大学生讲述军旅生活故事，勉励毕业生投笔从戎，坚定服务祖国的信念。

十年来，基于这一系列"橄榄绿"的抗战历史教育、致敬先烈的爱国教育、牢记使命的奋斗教育，我先后引导45位青年大学生投笔从戎，保家卫国。其中不乏毕业生党员、上海市优秀毕业生等先进群体代表。他们中有身姿矫健的热血男儿，也有短发齐耳的美丽姑娘。他们中有人守卫在祖国的南海之滨，也有人奋战在西北的雪域高原。在他们奔赴军营后，我也经常与他们交流所感所想，让一封封书信、一张张明信片带去辅导员对战士们最诚挚的问候与鼓励。

他们立志将个人的发展融入祖国的伟大强军事业中，让青春绚丽之花绽放在军营。他们就是新时代青年传承雷锋精神的最真实写照，更是扛起强军使命的中坚力量！

青年们，让我们努力学习党的二十大精神，领会党的强军思想，把握党史、军史的主题主线和主流本质；让我们一起学习人民军队的可爱军人们对党和人民忠贞不贰的无尽深情，把强军思想融入日常的学习、工作、生活中，在本职岗位上努力做到"挤和钻"，坚守"甘当螺丝钉"的信念。

同学们，所谓的"岁月静好"，是因为有人在为我们"负重前行"！让我们一起把强军使命扛上肩，为实现建军一百年奋斗目标，为实现中华民族伟大复兴的中国梦共同奋斗！

篇　三

图说思政·逐梦恰芳华

随着微信的普及,"朋友圈"日益成为人们社交的一个重要窗口。巧合的是,"朋友圈"的兴起时间几乎和我入职的时间重叠,作为一个"朋友圈"爱好者,我逐步把它变成了我和学生们的"第三课堂"!

我"朋友圈"里的配图和文案,大部分都涉及学生工作,也有从个人视角表达的对部分社会事件的看法与思考。文案有对图片内容的描述,也有真情实感的流露。有的仅有一两行字,有的则达到小作文的规模。每一个"朋友圈"背后都有我和同学们的一个故事、一段经历或是一次成长、一次情感升华。它记录着我在学生思想政治教育工作道路上的点点滴滴。我也会不定时地将自己的"朋友圈"截图打印并存入相册中。当然,不仅是"朋友圈",和每位学生的线上聊天记录,也是我学生思政工作中宝贵的财富!就像在2022年毕业季和同学们告别时说的那样:大学最后一站,同学们再看看我们之间的聊天记录吧,带着我们的故事和回忆,背上行囊,走向诗和远方!

记得2019年5月,在参加首届上海高校基层团干部技能大赛复赛时遇到这样一道网宣能力测试题:

> 参赛者需结合青年热点话题,结合青年话语体系,拟一段"朋友圈"内容,并进行简单图文搭配。考试题目将于考前一天发布,复赛当日集中闭卷答题。

看到这道题目后我倍感激动,因为这不仅是我平时有意在做的,同时也传递出一个信号:用"朋友圈"开展思想引领的做法是对的!学生思想引领无处不在,无时不有!一名辅导员可以在任何一个地方、任何一个时间开展工作!自2013年入职以来,这个"小圈子"逐渐成为我学生工作的情感表达阵地!随着工作阅历的不断积累,我"朋友圈"的内容逐步丰富,所表达的内涵不断深入,传递的正能量也更加强大。

本篇中,我从个人"朋友圈"选取了60多份工作记录,详细展示了图文及其背后的各种故事,向读者传递我的思政方法和思政故事。在工作之余,翻阅自己的这些"微思政"记录,它们让我不断回顾选择学生工作的初心,这一张张图片仿佛散发出一道道微光,凝聚起力量,为当下的我带来继续前行的强大动力!

2013 年 12 月 6 日

写给 2013 级的同学们

ycj2011
第一次坐学校的班车，感觉还不错，可惜这天气！
2013 年 12 月 6 日 16:16　删除

今天的上海让人有点喘不过气来，PM2.5 数值直线飙升啊。我友情提示班级同学注意防护，尽量在室内活动，不要外出，多多喝水。同时也附带了一句："这就是上海，也是你们要学习、生活 3 年的地方，慢慢去适应它变化无常的天气吧！"

因为要去参加教师资格证笔试，我第一次坐了学校的班车。从学校出发去考场，一路上感觉天空越来越"土"。这让我想起了兰州的天气，想起了那里的沙尘暴，想着想着就想到了自己在大西北的点点滴滴。今天的行程有变，所以和同事临时去了一趟华东理工大学，这是一所和我自己也有一些关联的大学。那是五年前的事情了，大一的我和室友们一起去考插班生。那应该是我们所经历的最放松的一次考试了，因为是"裸考"，就算是刷个体验了，哈哈。转眼过了五个年头。明天要去另外一所大学参加考试，也是一所和我息息相关的大学——上海师范大学。去上海师范大学的次数已经数不清了，但是似乎每次去那里都是人生中非常重要的时刻，参加研

上海师范大学徐汇校区东区一角

147

究生考试、查分、调剂咨询、调档案、岗前培训结业等。每一次都是带着复杂的心情急匆匆地来。

虽然我没在上述两所大学里学习过，但我其实是非常喜欢它们的，感激它们出现在我人生中一些关键的时刻。这两所大学的存在，让我在学习期间有了奋斗的目标，让我的梦想成了可能，也让我的人生有所改变。当然，我更热爱我的母校、我的恩师，从小学到大学，我的一切成长，都离不开母校的培养。

我亲爱的同学们，如今你们是二工大的学子了，一定要热爱你们的学校啊，因为它是你们的大学，你们梦想启航的地方！当然，我非常愿意和你们分享我的故事，我希望你们也能敞开心扉，让同学们了解一个不一样的你。

今天可能是雾霾的缘故，让我触景生情，在车上敲打键盘的时候，一下子回想起了许多过去的事情。也好久没有写过"小作文"了，感觉这样的小小记录还是蛮有意思的，以后可以多一些这样的图文，借此和同学们多做一些交流。

2015年5月27日

青春有梦,勤劳筑梦

ycj2011

在大家的努力之下，今年五四歌会完美落下帷幕，非常感谢领导的支持、学生会小伙伴们的无私奉献，你们是最棒嗒！当然还要感谢学院合唱组、兵哥哥们的努力！让我们继续努力！青春有梦，勤劳铸梦！加油！

2015年5月27日 20:54 删除

今天,由我们学院分团委承办的校级活动"五四青年歌会"取得了圆满成功！这是我任团干部以来负责的第一项大型校级活动！那种既兴奋又紧张又有压力的感觉真的让人难忘！

可能是因为活动是由"年轻人"负责办的,校团委书记早早地找到我对我进行了一番指导,并帮我顺了一遍演出类活动的主要流程。书记的"小灶"非常有用,也让我对办好这项学校的传统活动更有信心了！和各分团委以及校团委多次商讨后,我们最终确定了晚会的大致形式和部分创新元素,还特别组织成立了一支退伍军人合唱队。这个小创意不但传递了纪念中国人民抗日战争胜利70周年的内容和思想,而且一下子拔高了晚会的立意,并将晚会推向了高潮,给整台晚会加分不少！晚会落幕后,几位领导也表示了对本次活动的肯定！但我也清醒地知道,整个过程中还是有很多问题的,有些是因为经验不足,有些是因为认识不到位。我要好好总

2015年二工大五四青年歌会海报

结,争取明年做得更好！这场活动也是学生干部们开展的第一次大型活动,大家都很激动,主要负责的同学甚至都流下了激动的泪水！

晚上躺在床上,我又简单回顾了一遍整场活动。作为一名新上任不久的团干部,我其实还沉浸在完成这项大任务后的喜悦和松了一口气的放松中。但是我也深知一切才刚刚开始,我要继续加油,努力服务好学生,为同学们打造更多更好的校园文化生活,丰富他们的课余生活！

2015年6月27日 ✒

第一批学生毕业了

ycj2011

随着金色的彩带缓缓飘落，精彩的毕业典礼结束了！转眼来到二工大两年了，经历了三次毕业典礼，这次终于是自己人毕业了，哇哈哈！很高兴有缘和你们共同度过这1年半时光，很欣慰你们各方面都取得了显著的成绩，很自豪因为你们那种踏实肯干！积极向上的态度！青春路上，我们永远都是战略合作伙伴！常回家看看哦，期待你们的好消息😊PS：今天太忙了，从学校忙到家里，终于暂告一段落……

2015年6月27日 23:33　删除　　··

这三个班级几乎包揽了机械专业类的专升本名额，其他同学也基本在宝钢、烟草、通用汽车等大型企业找到了满意的工作，还有同学考入了警察队伍，更有自主创业开公司的"达人"，让我非常佩服！他们都顺利开启了新的人生阶段。当然，中间也有很多遗憾和无奈，

2015届学生毕业典礼今天隆重召开了。

我带的2012级的三个班的同学迎来了毕业、离校、告别的日子。虽然他们是我入职以来接手的"二手班"，但是作为一名"后爸"，我非常开心和他们一起度过了一年半的时间。他们其实也就比我小了三四岁，和我几乎是同龄人。他们中还有和我同一天生日的同学呢，真是有缘！想起去年生日当天，他们突然来访，为我送上蛋糕，真是把我惊喜坏了！

最让我自豪的还是他们获得的优异成绩以及为自己制订的职业规划。

入职后所带首批毕业生风采

有同学因为"挂科"实在太多留级了，还有同学因为无法克服的原因退学了。

经历的这些案例，让我对辅导员工作有了新的认识。学生从进校到离校，毕业是最基本的，没有毕业证书的离校是不合适的，辅导员必须要对此有所作为。我暗下决心：一定不能让2013级的学生出现这些问题，一定要帮助他们顺利完成学业获得毕业证书，这是对学生家长最基本的交代，也是作为辅导员的我必须承担的责任。

2015年9月20日

我的好班长去当兵了

ycj2011
今天下午学校突然开新兵欢送会了！

2015年9月20日 19:11　删除

忙碌的一天落下了帷幕。我坐在办公室里，心情还是有些难以平复。主要是因为突如其来的"新兵欢送会"让我有点措手不及！

虽然早就知道自己非常"给力"的班长同学要走兵的消息了，但是真的太快了，快得都还没有来得及再和学生好好交流一番。想到明天一早就要和他告别，我就难以抑制心中的不舍与失落。除了不舍之外，我的心里当然也是自豪的，溢于言表的自豪！多重的情感交织在一起，让我陷入了"让我欢喜让我忧"的状态！

征兵工作接近尾声，校园里即将再次迎来最美、最温暖的场景——欢送新兵！非常高兴今天能加入学生队伍，一起"定格"他们人生中最美好的瞬间！戴上大红花，心怀大中华，同学们，加油！

有些话当面说不出，还是通过卡片的形式送给学生吧！希望校园的力量能继续伴随我的好班长！

学生入伍前校内留影

我还是不敢相信,你居然真的要去当兵了!我也不知道为什么会有这样的想法,大概是因为你太优秀了,太让我舍不得了!但是作为你的老师,我还是非常自豪你能成为一名人民子弟兵,为国防事业献出自己的一份力量!现在想想,一切仿佛都是有迹可循的:当初军训的时候,你在队伍中站军姿的身姿最好,一看就是当兵的料!果不其然!

　　好男儿志在四方,志在千里!加油吧!班里所有同学都期待着你的凯旋!

辅导员:杨超杰

2015年 10月 5日

青春迷彩，铭记历史

ycj2011

10月5日，"明信片"第二阶段活动在上海淞沪抗战馆举行，同时另一分队在渔阳里开展。25位优秀作者代表在院学生会青志部的带领下来到纪念馆实地考察学习革命先烈的英勇事迹，接受一次爱国主义教育。良好的纪律、认真的听讲，相互交流自己的感悟，自发的留言真让人意外与感动，更有场馆人手一份的学习资料馈赠！非常感谢此次"青春迷彩，铭记历史"明信片主题活动的各位同学，老师。

2015年10月5日 21:28　删除　　　··

为庆祝中国人民抗日战争胜利暨世界反法西斯战争胜利 70 周年、庆祝中华人民共和国成立 66 周年，我和学院学生党员、入党积极分子、2015 级新生代表以"青春迷彩，铭记历史"为主题，以"明信片"为载体，开展了一系列的爱国主义教育实践活动！活动其实在新生军训期间就开始了，历时近一个月时间，共分为四个环节。

听而思：新生班以"纪念中国人民抗日战争胜利暨世界反法西斯战争胜利 70 周年"和国庆 66 周年为主线，围绕"感恩""成长""展望"等子主题召开主题班会，激发学生爱国情感。

思而辩：班会后组织学生讨论并发表感想，说说自己的爱国梦想以及如何以实际行动表达对祖国的热爱。

辩而写：让学生自行设计相关主题的明信片，在明信片上表达自己"思而辩"的内容，并在班级内部进行交流分享，集体拍摄后回收作品。

写而行：支部加盖纪念章后将明信片寄往相关纪念场所（渔阳里、淞沪纪念馆）及个人（相关亲友），并组织学生前往，进行实践教育活动。让学生通过回顾自己寄给先烈们的明信片，尝试与历史、与革命先烈们开展跨越时

学生们通过明信片对话革命先烈

空的对话，从中汲取力量，继续前行。

在后续的小结中，我发现本次活动的教育效果非常好。这次活动可被视作多类学生群体同时实现实践锻炼与教育的典范之一。新发展的学生党员通过前期的宣传策划、协助新生开展主题班会、自主设计明信片、场所联系对接以及交通协调等环节，完成了一次系统性的实践锻炼。同学们努力践行党员的责任和义务，全心全力服务同学，进一步提升了预备党员的党性修养。学生党员小郑表示："第一次来到抗战题材的纪念馆，和之前去的红色纪念馆不同，我和同学们一起认真学习了相关历史，瞻仰先烈，更加珍惜和平的来之不易。"学生党员小张说："以带领学弟学妹们的方式来庆祝国庆是非常合适的，也是真正意义上的共度国庆。"同时，学生党员们还带动支部的入党积极分子开展工作，入党积极分子与新生团员青年结对共同开展实践，彼此间形成较好的朋辈合力。新生同学们也被学长们积极负责的工作态度感染，纷纷表示在接下来的大学生活中要努力学习，向榜样看齐。通过这次活动，支部党员、入党积极分子在思想以及能力方面都得到了锻炼。这样的活动今后也值得继续开展！

2015 年 12 月 23 日

记录我带班级第一位退伍军人党员小齐

ycj2011
齐同学是我们第七代表团的成员，端正的坐姿是给我们代表团留下的第一印象也是最深刻的印象！退伍一年来继续保持着军人的优良作风不动摇！确实是个好榜样！

感想|责任重大 无上光荣——我校第四次党代会学生党代表齐少瑜参会有感

2015 年 12 月 23 日 20:03 删除

近期,学校召开了第四次党代会。我和我的学生小齐有幸被推选为党代表,一起光荣地参加了这次政治活动。作为为数不多的学生党代表,小齐"坚定信念、牢记宗旨、认真实干"的事迹在校官微上得到了宣传,他不仅是我们高职学院学生党支部的优秀代表,更是广大学生学习的好榜样!

我第一次接触小齐是在 2015 年学校的"五四青年歌会"活动中。作为退伍兵合唱队的联络人,他积极带领各位"兵哥哥"顺利地完成了合唱训练、彩排以及正式展示环节。后来就是在学校龙舟赛、短道速滑世界杯志愿者工作以及他作为志愿者代表接受《青年报》记者专访等校内外活动中。他低调又富有成效的工作表现给我留下了深刻的印象。他曾说过:

高职学院龙舟队合影留念

"特殊的身份让我感觉到自己的一举一动都会直接或间接、部分或全部地影响到身边的同学，这也正是发挥党员先锋模范作用的最好机会。我要积极主动承担学校、学院交给我的各项任务，将一名党员应有的素质体现在一言一行中，把党组织的温暖通过自己传递给每位同学！"

小齐不仅是我工作以来认识的第一位退伍军人党员，更有缘、有幸的是，我先后成了他的辅导员及所在党支部的书记！他优良的作风、积极的工作态度、正确的荣誉观让我对这些经过部队大熔炉历练的"兵哥哥"们充满了敬佩，同时也更深刻地认识与理解了这个"大熔炉"在同学们成长与成熟过程中所具有的不可替代的价值！我默默下定决心：在今后的工作中，一定要将小齐的事迹用作征兵工作的重要素材，鼓励并引导同学们参军入伍，换得一个精彩的青春经历，换得一个终身受益的经历！

2016 年 4 月 13 日

一份值得肯定的成绩

ycj2011

恭喜我院团委荣获佳绩！感谢"特九小分队"中的各位同仁的肯定与支持，感谢我们这个充满活力又年轻的团队，最重要的是要感谢高职学院那个不可或缺的你😊践行青春志，共铸中国梦！

【学院动态】我院荣获 2015 年度上海市五四特色团委

2016 年 4 月 13 日 06:58　删除　　　··

这几天，我正在参加市委党校四分校的培训。培训期间，我有幸与其他兄弟院校同是辅导员的一位老师同屋，更难得的是，他同时也是一位有着丰富经验的共青团干部。于是我们有了很多共同话题，交流业务、分享经验、谈岗位认知等，本次培训真是课上课下都收获颇丰。

昨天，团市委网站公示了上一年度"争红创特"评选结果！我怀着异常紧张的心情打开附件，试图寻找自己所在团委的名称！那种紧张的程度不亚于当年查高考、考研的成绩！翻了一页又一页，终于看到了那个熟悉的名字：上海第二工业大学高等职业技术（国际）学院团委！这意味着我们榜上有名了！我们学院团委在成立两年后便获得了"上海市五四特色团委"的荣誉称号！我的内心一下子从高度紧张变得极度兴奋！第一时间向学院领导汇报了这一喜讯！我报喜完毕后，一旁的"室友"老师也看出了我喜悦的心情，向我表示祝贺："作为一名团工作新人，能在这么短时间内便获得这么好的成

2015 年度"上海市五四特色团委"荣誉证书

159

绩,太不容易了!"随后,我们聊到了彼此单位青年工作的做法与特点,我也主动展示了红旗创建总结汇报的PPT。虽然本意是为了炫耀一下,没想到说完之后那位老师一针见血地指出了其中的问题,并热情、主动又耐心地提出了改进建议,让我颇为意外,更感到受宠若惊。他说得很对,我们最大的问题在于总结的高度还是不够,仅以量取胜,核心不突出等,这正是我们后期要进一步完善的地方!

回顾这一年的"争红创特"之路,其间发生了很多难忘的故事!最初的时候,我对这些走出校园的活动可是连想都不敢想的!还是要感谢申报创建时团委书记李老师对我的殷切期望,让我对自己的职业有了更深刻的认识。他告诉我:"年轻的团干部应该尝试一下,不用害怕失败!要抓住机会,给自己一次成长的机会!"后来我就硬着头皮,走了出去,也给学院争得了荣誉!

这位"室友"老师也向我分享了当年他的相关经历,并鼓励我继续努力,向"上海市五四红旗团委"及更高的集体荣誉前进。这一次的成绩以及为学院争得荣誉的经历,让我更加坚定了从事青年工作的信心与决心!今后我将继续深入了解学院各专业,不断聚焦优势,发挥特色,争取让高职青年更好地成长,让高职团委更进一步!

2016 年 5 月 11 日

"名"记

ycj2011

今天的校园充满了青春的气息！2013-2016，感谢有你们的陪伴，拍完毕业照意味着小鲜肉们离校开始倒计时了，我要开启泪奔模式了🍎感谢几位班干部的班服设计😎

2016 年 5 月 11 日 19:19　删除　　••

今天是 2016 届毕业班学生拍摄集体毕业照的日子。很高兴四个班级的同学们都采纳了我关于班服设计与定制的建议。新班服在拍摄现场一下子博得了大家的眼球，宣传部的老师甚至主动来找我征集部分照片。更重要的是，我希望此举可以让班级同学留下更多值得回忆的同窗时光。

拍完照片之后，模具班的小徐同学找到了我，希望我在他的班服上签名留作纪念，我欣然同意。看着他那已经签满了班级同学姓名的班服，我深感这确实是一份具有特殊意义的毕业纪念！我刚签完名，班长就向我送上了一件红色版本的班服，背后还有我的名牌！在同学们的邀请之下，我也套上班服，加入班级中和大家一起拍摄毕业纪念照片。这一刻，作为辅导员，我感到无比幸福！

有一张给模具班拍摄的照片让我印象深刻。在拍摄瞬间，不知是谁的提议，同学们都向上放飞了

13 模具 01 班毕业合影

自己的名牌！我迅速按下快门,记录了这个瞬间！看着相机里的照片,那场景仿佛象征着同学们毕业离校,飞向下一阶段的新征程。加油吧,13模具01！很骄傲,大家都顺利毕业、就业了！你们是今年全校第一个就业率达到100％的班级哦！希望同学们的未来就像自己的名牌一样,可以在天空任意地飞翔,成就精彩！

2016年5月30日

新科本科生，继续加油！

ycj2011
专升本通知书来啦，小伙伴们很兴奋，但是大家的反应好像都是：这是迟到的通知书👿好好把握，继续加油吧……

2016年5月30日 16:30　删除

漫长的等待之后，今天专升本的录取通知书终于来了！我第一时间通知了相关同学，并让他们尽快来领取！很快大家都陆续来了，可以想象他们得知消息之后健步如飞跑过来的样子！

出乎我意料之外的是，大家在领取这个大信封的过程中都表现得很冷静，这和我预想的有点不一样。有些同学拿到之后静静看了好久好久，有人甚至流下了激动的泪水！听着同学们"这是一封迟到的通知书""三年前就该获得的通知书"的话语，我内心的状态也逐渐有所变化，开始变得有些伤感！在过去三年里，这些同学承受了太多的压力。金榜题名时，他们确实值得为自己的努力和坚持而骄傲！经过这三年，他们不仅圆了自己的梦想，还拥有了宝贵的经历和实践，实现了自我蜕变。他们不仅是成绩优异的学生，更是积极投身校内外志愿实践活动的热心青年、各类专业技能竞赛场上的达人、各级学生组织里的优秀学生干部以及文体赛场上的活跃者！

2016届毕业生作为志愿者参与国际赛事

马上会迎来新的学段，我告诉他们："努力永远不过时，成功永不会迟到！希望大家继续树立新的目标，提升站位，心系祖国，肩负时代责任！让自己的专业服务自己的职业，成就自己的事业！"

我的第一批新晋本科生们！还有更美好的未来等着你们，加油！

2016 年 9 月 26 日

与你相遇好幸运!

ycj2011
今天的主题:与你相遇好幸运! 把小伙伴们好好地感动了一把😄我一定会把这最珍贵的礼物送到你们亲人的身边!

2016 年 9 月 26 日 21:05 删除

对于大学新生而言,最重要的是尽快适应新环境,融入新集体,做好角色转变。这对学生今后的大学生活、身心发展都至关重要。在实际工作中,怎样让每位学生在入学阶段尽快调节好内心状态也是我们辅导员面临的一个难题。

16 机制 01 班的 33 位同学都是外省市生源,几乎都来自农村,家庭条件不是很好。他们在进入大学感到激动兴奋的同时也马上体会到了军训的艰苦,在抱着愉悦的期待结交新同学的同时也发现部分同学不如想象中那么热情,从而产生了一定的失落感与无助感。新的环境、新的体验会让学生产生一定的"矛盾"。在以往的学生工作中,我非常关注学生的生日,喜欢从这个角度开展一些学生工作。新生也不例外,当拿到新生名单后我最先关注的就是学生的生日。在晚上探访寝室的过程中,我不止一次听到 9 月份生日的学生在电话中与家长倾诉自己的大学体验以及对升入大学后第一个生日的打算,似乎他们也没有更多的人可以去倾诉了,但其实不是的……

步入大学,一定程度上意味着独立自主的生活开始了,在过去将近 20 年的无数日子里,我们有太多的人需要感谢,父母、亲朋、师长……我需要创造一个这样的机会，让同学们表达出内心的感受，向那些帮助过自己的人表示感谢。我也需要创造一个这样的机会，让大家感受到学校、集体的温暖，也希望将这些温暖传达到学生家长那里，让家长放心。我更需要创造一个这样的机会，让这个新集体的成员尽快相互熟悉并初步建立起班级凝聚力。

想让一次集体活动成为上述的多重"机会"是很困难的，经过学院领导的指点及以往活动的积累，最终我决定在入学教育和军训期间以明信片为载体，以部分学生的生日为突破口，策划开展以"我的大学、我的亲人、我"为主题的班会活动，让同学们尽情述说成长路上的故事，并将之传向远方。

2016级新生给家人的祝福明信片

看着同学们在明信片上向家长以及对自己产生重要影响的人尽情表达感恩之情，我也非常感动！并和同学们约定今后继续开展类似的活动。

2017年4月29日

携手同行，服务滨江

ycj2011
迎五四，高职青年"青春滨江，绿色环保"行动开始啦！感谢团区委、浦东青发中心、携手同行、滨江森林公园为我们学生提供志愿服务平台！小红帽们辛苦啦

2017年4月29日 17:36　删除

上个月，我有幸参加了浦东新区"青年公益精英三年培育计划"的学习。得益于这次学习，我们团委和"携手同行青少年发展中心"结对，开展"青春滨江，绿动环保——滨江森林公园志愿者"活动，学院全新的大学生校外实践基地也同时揭牌。我们希望通过该项目，进一步提升高职青年的社会实践能力，同时也进一步深化区域团建，助力学院的团学工作。

我们项目小组利用周末、节假日的时间，头戴小红帽、身穿红马甲，开展志愿服务工作。经过一个月的实践，基本了解并理顺了公园内的主要工作内容，即为游客提供信息咨询、问题解答、游程安排、道路指引等服务。此外，我们也积极协助园方开展河道整治、禁烟宣传等工作并进行相关调查研究。同时，我们也向市民宣讲、普及环保知识，传播可持续发展理念，在加强自身学习的同时也为提升市民的环保观念贡献绵薄之力。

在这项志愿者工作的前期组织过程中，我们首先以学院机械专业学生为试点，并要求刚刚开始创建"上海市五四红旗团支部"的16机制01团支部负责团队的整体管理与项目推进。当了解了活动内容和意义之后，该支部的所有青年均积极报名参与其中。在志愿服务过程中，我们也注重各项素材积累，认真做好工作记录，及时做好工作小结。同学们良好的工作态度、

高职学院学生在滨江森林公园志愿服务

认真的学习态度也得到了园方和游客们的积极反馈。

项目难得，机会不易，但是好在一切顺利，目前已经基本成形。后续我们将继续研究，扩大志愿者招募范围，开展梯队建设等，特别是要开展党团联动，让学院学生党员、入党积极分子、先进青年等加入其中，努力让这个项目成为学院青年服务社会以及社会实践的新平台，让"奉献、友爱、互助、进步"的志愿精神不断拓展和加深，努力开创高职青年志愿服务活动新品牌、新局面。

2017 年 10 月 28 日

学习党的十九大精神：从新党章开始！

 ycj2011
（中国共产党第十九次全国代表大会部
分修改，2017 年 10 月 24 日通过）

 来了！中国共产党章程（全文）

2017 年 10 月 28 日 21:47 删除

党的十九大胜利召开之后，我们通过各种方式开展了党的十九大精神的学习。在党的十九大召开当天，我从习近平总书记宣读的十九大报告中关注到了"新时代中国特色社会主义思想"这一新的概念。随后也通过电视、报纸等主流媒体了解到"习近平新时代中国特色社会主义思想"是本次党章修正案的重要内容之一，并被确立为党的指导思想。

此次党的十九大对党章的修正，特别是新的行动指南的加入，反映了中国共产党对国家发展的新方位、新战略的判断。在我看来，这充分体现了我党对自身的理论自信和实践自信，同时也体现了我党实现"两个一百年"奋斗目标的信心与决心。

作为一名高校学生党支部书记，我一定会带领学生党员、入党积极分子、广大共青团员以党的十九大新党章的学习为契机，领悟我党在与时俱进的同时不断深化改革的先进品质。我一定会引导学生党员、入党积极分子、广大共青团员进一步增强党章意识，学习党章的同时遵守、贯彻并维护党章。

2017年10月31日

欢庆十九大，青年在行动

ycj2011

再见了繁忙的金秋十月，十一月还是有很多新期待哦，耐住性子坚持干，静下心来细心干！

2017年10月31日 22:48 删除

十月的最后一天，感觉能稍微松一口气了！又到了一月一次的相册整理时间。五张照片和一张截图记录了金秋十月的故事。

2017年的十月注定不平凡，因为党的十九大胜利召开了！这也是我工作以来经历的第一次党代会，我对其的关注与学习也更深刻了。从学校到党支部再到各团支部，我们都在关注党的十九大并学习十九大精神。回顾这一个月来的工作，我感觉还是挺不错的。早在九月开学之际，我们支部就开始有意识地设计关于党的十九大的学习和实践活动。我们结合"喜迎十九大、欢庆十九大、学习十九大"三个主题模块，将十月划分为三个阶段，先后开展了"青春喜迎十九大，继续奋斗中国梦"师生共迎十九大微视频接力活动、2017级新生"怦然'新'动，我有我的Young"迎新晚会；同时，支部集体收看党的十九大开幕式并聆听十九大报告，由16机制01团支部组织开展"走出去，请进来"两次红旗创建互

高职青年欢庆党的十九大实践活动

访，共同研学党的十九大精神活动；此外，党团联合开展"欢庆十九大　青春在行动"高职青年结合十九大精神的素质拓展活动。在此期间，作为学院团委书记、学生党支部书记的我也充分结合党的十九大精神，为新生团支部书记开展"学做加油干"的主题团课，并且在校内辅导员技能大赛决赛的舞台上充分展现自我。

一个月下来，各项活动非常紧凑，个人的学习节奏也是小步快跑，从未松懈。新时代，当然要给自己设下全新的挑战，正如党的十九大代表、南京航空航天大学徐川老师所言："要想做好思政工作或者沟通交流工作，我认为可以总结为三句话：第一，知道别人要什么；第二，知道自己有什么；第三，知道东西怎么给。"对我而言，还是要通过团课宣讲、辅导员技能大赛的理论宣讲，不断尝试去锻炼自己所谓"胆怯"的心理。近期参加的这些活动中虽然有师生互动的亮点，但也有因为舞台经验不足造成的自我"黑点"。不过，我还是感觉这些活动让我不断强大起来了，我要以此为契机不断突破自己，努力做个以心换心的思想政治教育工作者！

2017 年 11 月 5 日

努力做个以心换心的思想政治教育工作者

ycj2011
买书的速度远远大于看书的速度，但是这本书得给他点时间😞

2017年11月5日 17:23　删除

最近，我所在的党支部被推荐为学校"党支部建设示范点"的创建对象。这是我们学生第一党支部的又一"荣耀"时刻。其中有一项任务是结合十九大精神学习拍摄一部微党课！我们支部几位教师党员积极开展讨论，很快就确定了以南京航空航天大学徐川老师在十九大代表通道上的发言内容为切入点，并从他的《顶天立地谈信仰：原来党课可以这么上》一书中寻找素材。

经过具体讨论，我们决定从党的十九大开幕式上集体为老一辈无产阶级革命家、革命先烈默哀的这一幕入手，通过讲述"半条棉被"的故事，传达共产党人对于人民的鱼水之情，展现共产党人最真、最纯的本色。同时，结合徐川老师的有关做好思政工作的发言引出作为一名高校学生工作者，和学生之间以心换心的关系。

第一，知道学生要什么。现在的学生，无论是 95 后还是 00 后，都生活在网络时代，对于即

高职学院学生党支部开展党的十九大精神学习微党课录制

时性、互动性、沟通性等方面有着新的要求。只有了解青年的所需，才能提供青年的所求。所以，我们首先要了解这个群体的特点和特征。

第二，知道自己有什么。我们成天让学生"两学一做""一学一做"，但我们自己学了没有，做了没有？我们也经常说，要想给别人一碗水，至少自己要有一桶水。打铁还需自身硬，这也适用于学习。所以，对于我们而言，要不断加强修养，不断充电、学习，无论是理论的修养还是实践的总结，都要自己下一些功夫。

第三，知道东西怎么给。做辅导员工作的我们都知道，不断讨好学生，给学生开"绿色通道"不见得会让他们满意或接受我们的观点。相较之下，如果能给他们创造锻炼条件，让他们跳一跳能够够得着，让他们通过努力能获得才是最好的方式。所以，一个好的思想教育过程还是要用合适的方法，好的表达方式，在恰当的场合跟对方以心换心，这样才能产生更好的沟通和交流效果。

2017 年 11 月 21 日

我的榜样宋老师

ycj2011

非常有幸能和幸福老师在同一个部门工作，宋老师的"温度、宽度、厚度"让我们的工作更加幸福～继续为晓东老师投票。

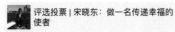

评选投票 | 宋晓东：做一名传递幸福的使者

2017 年 11 月 21 日 18:08　删除　　··

这两天正在进行"2017 上海高校辅导员年度人物"网络投票，非常高兴我们学院的"幸福"好同事，宋老师也位列其中。帮宋老师助力助威也成了近期我们的重要工作之一！

早在刚入职的时候就听说校内有一位能够传递幸福，给人带来快乐的辅导员老师。非常幸运的是，很快我们便成了同事。通过这些年的共事、交流与学习，我认为宋老师确实是一名有温度、有厚度、有宽度的辅导员，他成了我前进的榜样，我也要努力成为一名传递幸福的使者！宋老师平时经常会给我们传授各类"幸福"技巧，他给我的"记录每天三个幸福瞬间"的小册子也是我平时使用最多的文本材料之一。

专业与工作的充分融合

宋老师是我认识的第一位既能充分发挥自己心理学专业特色又能结合新媒体开展网络思政教育的辅导员。三年来，他一直针对学生在学习和生活中面临的实际问题进行写作，积极传播正能量，并拥有了上万的粉丝。在羡慕宋老师能够充分发挥专业优势的同时，我也意外发现了自己和宋老师的一个共同点，那就是：工作时都有记录、写作的习惯。宋老师从专业的视角，对与学生交谈过程中发现的一些共性的心理问题进行解读，撰写成文章后通过网络平台分享给更多的同学，并形成了著作《痛苦，不过是一份包装丑陋的礼物》。我也会经常记录各条工作线中的动人瞬间，并通过班会等形式传递一些自己的思考与想法。不过跟宋老师比起来，我的写作显然还有进一步提升的空间，需要不断地学习和提升。当然，我也时不时会畅想有一天自己也能出本小书。

"幸福"好同事，宋老师的第一本著作

坚持与探索的不断追求

宋老师曾提及："我也是自从开设'幸福课'之后才慢慢找到适合自己的方向，并努力为之探索的。"他努力将在实践中遇到的问题提升到理论层面深度反思，同时将学到的理论知识更好地用于解决学生工作中的实践问题。所以在遇到各种学生工作方面的问题时，他总能平静面对，并迅速找到能够提升学生内心"幸福感"的关键点，从而解决学生内心深处的问题，做到治标更治本。2016年，他考上了教育学的博士研究生，专攻大学生幸福教育，旨在通过不断夯实自己的理论功底更好地解决实践问题。在日常工作中，我也会经常告诉自己，认真工作，形成自己的特色与品牌，不断提升。宋老师给了我很好的参考范例。在未来的工作和漫漫考博路上，我将坚持不懈地努力和探索。正如宋老师在一次交流中提到的："痛苦是常伴的，但是也可以把痛苦当作一种幸福！因为它指引着你前进！"

每天到办公室时，我总能看到一个状态正佳的宋老师，他不仅早早来到工作岗位，更有似乎用不完的精力。作为他的后辈，我必须学习宋老师兢兢业业、尽职尽责、积极思考、大胆实践的工作态度，并争取早日加入"有温度、有厚度、有宽度"的辅导员行列。

2017 年 11 月 22 日

奉献爱心你我做起，志愿服务党员先行

ycj2011

转眼间我们已经连续第四年服务于校献血志愿者工作啦😊为细心关怀与热情奉献的志愿者们点赞👍感谢积极参加无偿献血的同学们👍

2017 年 11 月 22 日 10:27 删除

今天，一年一度的大学生无偿献血工作开始了。为配合学校的无偿献血活动，提升学生党员的服务意识，我们高职（国际）学院各个学生党支部联合起来，继续承担本次校园无偿献血的志愿者服务工作，所有的学生党员、入党积极分子化身"黄马甲"参与其中。

我们围绕"奉献爱心，你我做起，志愿服务，党员先行"的主题，为所有参加献血的同学提供三天的志愿服务，并将志愿服务融入学生支部的组织生活中。我们设计并布置了爱心签名板，让参加献血的同学和志愿者抒发情感，传递志愿精神和爱心。我们还专门安排了摄像机位，为每一位献血者定格最美的瞬间，传递暖意融融的祝福。

今年已经是我们学院连续第四年开展"无偿献血志愿者"工作了。像往年一样，学生支部党员、入党积极分子志愿者们分别在登记处、体检点、采血处、休息室、发证处等岗位服务。在不影响学习的前提下，15 名学生党员和25 名入党积极分子每天分上、下午两个批次，每批次 20 人，累计服务献血同学 1 600 多人次。从安排学生入场完成献血注册，到检查提血样，再到协助医务人员正式抽血，安排献血者就座休息，最后到证书发放，每个人都认真负责。志愿者们的工作为献血工作的有序进行发挥了积极的作用，也得到了现场献血师生,特别是后勤部门的一致好评。

通过一次次的志愿实践锻炼,学生党员们不断践行着自己作为一名党员的责任和义务,深刻感悟为人民服务的内涵与宗旨,提高了党性教育的效果。其实,无论是献血的同学还是献血志愿者,我们都在

高职学院学生党支部师生参与献血工作志愿服务

以实际行动发挥着自己作为一名大学生青年的光和热。我们就是要在平时看得出,在关键时刻站得出,在危难关头豁得出。

这才是新时代大学生们应该有的样子！为同学们的爱心点赞！

2017 年 12 月 6 日

我和第三届学生会的青春故事

ycj2011

学院第二次团代会、第四次学代会今天胜利召开，过去两年我们"扬帆起航创新篇"，新时代里我们将"携手奋进再前进"，感谢学院第一届团委、第三届学生会！加油吧青年们！

2017年12月6日 22:12　删除

时间过得真快，又到了一年一度的学生会换届时。

回顾这一年的工作，我们收获颇丰，不仅一起策划开展了庆祝建团 95 周年的校级活动"'韵'动会"、带领专业志愿者团队"亮眼服务队"获得上海市青年五四奖章集体荣誉，也在"知行杯"上海市大学生社会实践大赛、"挑战杯"全国大学生课外学术科技作品竞赛中取得了突破，获得市级三等奖等。学院成立三年来，我们的团工作也是一步一个脚印，稳步前进！

下午，开完学院团代会和学代会之后，我安排学生干部们合影留念。由于之前工作经验不足，过去两届团委、学生会干部竟然都没有留下最后的珍贵瞬间。我希望同学们能够记住咱们这个优秀的团队——高职学院第三届学生会！

晚上举行了我们传统的新老两届学生干部大联欢，欢快的互动环节充满着同学们的欢声笑语，以及对彼此

高职学院第三届学生会组织开展建团 95 周年活动

最诚挚的祝福。大三的同学将卸任学生工作,全身心投入后续就业与升学的准备中,大二的同学将传承接力,继续服务高职青年!

这届学生会干部对我而言是特别的,因为他们是我任职团工作以来第一届从招新开始便全过程、全方位教育培养的学生干部,就像自己带的班级一样。两年多来的相互学习、相互成长、共同实践让我们对彼此充满了感情,当然也充满了骄傲!

依稀记得上半年的某个凌晨时分,在去半程马拉松志愿者服务活动途中,我和一名学生的对话:

　　"你见过几次凌晨的二工大校园?"

　　"好像很多次了,似乎每一个时辰都见过了!"

我们彼此微微一笑,车厢里逐渐安静下来,大家都打个盹,为后面的工作做好准备。

这两年来,同学们确实很辛苦,但是大家也是收获满满,相信这也会成为他们大学生活中一段难忘的经历。一般的同学可能还在为晨跑、起不了床上早八点的课、未来的前进道路而烦恼,但是我们不会有这些困扰!经过这两年的实践锻炼,我们早已成为自律自强、听党话、跟党走的新时代青年。不管未来面对多么大的艰难困苦,我们都会勇敢面对。

祝福高职学院第三届学生会的小伙伴们!

2018年1月28日

从竞技体育的视角看如何才是成功

ycj2011
Amazing moment of King FEDERER!
Happy 20th GS!

2018年1月28日 19:47 删除

今天在家全程看了澳大利亚网球公开赛男单决赛！费德勒的决赛对手不是纳达尔，也不是德约，虽然也经历了一场五盘大战，但是结果没有太大意外，"瑞士球王"迎来了史无前例的个人第 20 个大满贯冠军！

兴奋之余，我从头回顾了一遍"老费"这次的夺冠之路，中间发现了一个熟悉的名字——伯蒂奇。很遗憾，他这次又倒在了"费牛"的拍下，止步八强。我不禁感叹，随着年龄的增大，继费雷尔之后我隐隐约约又看到了一个未获得过大满贯冠军，却要面临退役的优秀球员。

想到这里，我心里也在自我判断：已有 20 个大满贯冠军的费德勒，当然是网球史上"封神"级别的运动员，但另一方面，伯蒂奇虽然没有获得过大满贯冠军，但是也属于成功的运动员。自 2010 年打进温网决赛以来，他一直稳居世界前十之列！在赛场上稳定与坚韧是他最大的特点，作为一名不慕虚荣的球员，他取得的成绩也是对自己伟大职业生涯的最好证明。今天看了比赛，有些心得体会：我们在学习、工作、生活过程中都会制定很多目标，学习想争优秀、拿第一，工作想被认可、想出成绩，生活想更美好等。我们也都会为了达到这些目标而不断努力奋斗。但是有个客观事实是，很多目标的实现是很困难的，或者说只有少数人甚至没有人能够实现！其实，当我们按照目标的标准不断要求自己去奋斗时，不经意间我们已经达到目标的必要条件了，可能客观上暂未实现，但是也不能否认成功的事实。优秀的网球选手不一定要拿赛事大满贯冠军,很多优秀选手并未获得冠军,但也深受人们的尊敬与爱戴。你只要做好自己,那就没有什么遗憾的了!

在我眼中,费德勒和伯蒂奇都是成功的网球运动员,两种成功都是成功!

2018年2月22日

高职师生们的短道速滑情

ycj2011

pyq里被我们三年来的短道速滑志愿者们刷屏了，都是他们为中国队的欢呼与祝贺！看来三年来我们坚持的这项志愿者工作是很值得的。改革再出发，青春这样安放！

2018年2月22日 23:45　删除

2018年2月22日是中国体育史上重要的一天！因为在江陵冰上运动场举行的平昌冬奥会短道速滑男子500米决赛中，中国选手武大靖夺冠了！这是中国代表团在本届冬奥会上的首枚金牌，更是中国男子短道速滑在奥运会上的首金！

很幸运自己能亲眼见证这个伟大的历史时刻，深刻感受中国运动健儿在冰场上的速度与激情。兴奋之余也想通过"朋友圈"记录这个动人瞬间。然而让我意外的是，朋友圈里清一色的都是同学们实时的夺冠互动，甚至有同学在现场为中国队加油助威（后来了解到她是我们学院韩语专业毕业并在韩留学的同学）！似乎我们都不约而同地在关注这场比赛！这是一种从来没有过的现象和体验，为什么大家有这么强烈的反响呢？

"2015年12月12日，我通过志愿者了解到短道速滑运动，所以冬奥会最关注的就是短道速滑了。前几日的误判，让我的心凉透了，但在今天，2018年2月22日，终于出了口气！！！武大靖破了世界纪录夺冠，感动到哭！"

"比赛酣畅淋漓，冲刺干干净净！解说都哭了！确实激动人心！2022，我一定要去现场！"

"听不懂解说也要支持下武冠军！"

"中国队好棒，同时也想给匈牙利华裔小哥哥们点个赞！"

"通过志愿者服务工作，我的学习能力和实践能力得到了提升，被国家队运动员们的体育精神所感染，我为中国队感到自豪，为祖国感到自豪！希望二工大的志愿者们'不忘初心、牢记使命'，弘扬奉献、友爱、互助、进步的志愿精神，为祖国增光添彩！"

看到同学们"朋友圈"的文案以及工作群里的留言评论后，我深受感动，同时恍然大悟！原来他们都是我们的"小冰花"志愿者呀！

三年来，我们高职（国际）学院每年都在承担该系列赛事的志愿者工作！累计参与学生已经超过500人，涉及学院全部20个专业，服务近1.5万人，几乎实现了"小冰花"志愿者在学院的全覆盖！

三年来，高职青年积极参与到这项由我们自己组织选拔、培训管理及有效推进的

"小冰花"志愿者绽放在祖国的冰雪运动现场

"国际滑联短道速滑世界杯上海站"系列赛事志愿服务工作中来！更为重要的是，我们初步尝试的将专业知识技能与志愿服务相结合的实践成效逐渐凝聚并凸显。我们将体育赛事志愿岗位与学院体育管理、酒店管理、会展等专业结合，并充分发挥了中外合作专业的语言优势。

三年来，"小冰花"们的使命不仅是为校争光、为城市添彩，更在于通过这个国际舞台，以实际行动助力北京2022年冬奥会，服务祖国的冰雪运动！这样的志愿经历不仅拓宽了同学们的国际化视野，更极大地促使志愿服务升

华到为国家服务的层面，促进同学们将志愿服务与强化国家认同充分结合，培养了同学们的爱国荣校情怀，提升了他们的民族自豪感！

今天的经历让我非常有感触，我再一次感受到了"小冰花"们身上的青春力量、青春理想、青春活力和奋斗情怀，也感受到了学生工作的意义与力量！今后，我们会有更大的动力继续坚持这项"理论实践同行，志愿劳动教育国内与国际相贯通"的活动。

2018年3月22日

初见北京，加油向未来

ycj2011
春暖花开之际有幸参会并聆听中央党校辛鸣教授、团中央学校部李骥部长等专家的报告。改革再出发，研究新定位！我这盆冷饭炒了两年该结束了，开始做新菜😅

北京·北京科技大学
2018年3月9日 18:21 删除

这几天，因为参加全国学校共青团 2018 年学术年会，我有幸来到北京学习！这是我生平第一次来到首都北京，内心充满了期待！

有幸参加本次会议是源于2016 年申请的课题。针对自己所在学院"中高职贯通"培养模式，我结合专业现状展开思考，尝试申请了相关学生群体思想状况方面的调查研究课题，希望能为该群体"自尊自信，理性平和，积极向上"心态的塑造提供一些助力。该课题有幸得到了全国学校共青团研究中心的肯定并立项成功，让我在科研道路上获得了一个小小的突破。立项后，我组织研究团队、带领学生开展社会实践和调研，其间在单位的推荐下也曾向参与"2017 年第十九届海峡两岸应用性（技术与职业）高等教育学术研讨会"的同僚取经。最终调查和研究成果也得到了相关被试单位的积极反馈。

高职学院团委首份科研类荣誉

这是我第一次参加全国规模的学术会议。对我而言，一切都值得学习！会上，我认真聆听了全国各高校团干部们的研究内容、交流了工作方式方法，我甚至把每一位专家的报告都一一录音，并详细记录！我希望通过本次学习能为自己的研究带来一些方法论上的新思考。廉思教授在会议中提到的研究逻辑给我留下了深刻印象：

> "学问不是从网络上'搜'来的，也不是从别人那'听'来的，更不是闭门造车'编'来的。研究中国，必先热爱中国；热爱中国，理应植根大地。"

廉教授的话让我心生惭愧，因为我自己就属于这类从众的人群，我要深刻反思，今后的工作和研究需要更加接地气，"聚焦前沿青年群体，精准探诊时代脉搏"。如何做？可以基于社会主义核心价值观，依托网络阵地，从"找到青年在哪儿"，"发现青年的活动阵地和讨论话题"，"维护青年的核心利益"，"学习使用青年的话语体系"等方面入手，同时具备在政治、学术和生活这三种语言之间转换的能力。这些对我来说，感觉很深奥，后续还要好好琢磨琢磨。

2018年4月10日

加油,我的学生!

ycj2011
这是我的学生!事情发生在4月5日晚,目前还未脱离生命危险!希望大家帮帮 ▓▓▓和家长,一起渡过难关,感谢大家🙏

【水滴筹】挽救这个家!儿子生命垂危,求大家伸出援手救救我的儿子

2018年4月10日 12:05　删除

今天,同学们帮小杜完成了"水滴筹"的申请,希望通过这样的方式为还处在昏迷中的小杜及其父母带来一些帮助。"朋友圈"里也迅速充满了班级同学们的转发和祝福信息。因为情况确实非常紧急,我也把这个链接转发到我的"朋友圈",很快就收到了很多同学、老师和好友的关心与帮助!真心感谢大家对小杜的帮助!

回想4月5日,对我来说是极为痛苦、焦虑、寒冷的一天。当时我正在校内值班,突然接到学生打来的电话,得知了小杜遭受严重车祸并被下达了病危通知书的噩耗!在报告学院领导、联系到家长之后,我马上叫车前往崇明具体了解小杜的情况并关注还在医院的随行同学的情况。到达医院后,小杜还在手术中。手术室外的三位同学,一位蹲在一旁,双手抱着膝盖,不停在发抖,另外两位则在一旁表情凝重。在我表达关心后,他们一下子情绪失控并表达了自责。对此,我第一时间安慰并缓解他们的焦虑情绪。不久之后,学院副书记也来到了医院,和我一起协调和处理后续的工作。此

正在操场锻炼的小杜

187

时已经是凌晨三点多了。

出于对小杜的关心，这几天部分班级学生代表也和我们一起前往医院看望小杜，但是糟糕的情况也给大家带来了沉重的打击，很多同学甚至其他一同协助的老师都出现了情绪失控的状态。这让我们不得不暂停探访，并联系心理健康中心对班级同学做一些干预，调节大家的情绪状态。虽然事情已经过了五天，但是情况还未好转，远未到可以让大家放心的阶段。

我慢慢走到办公室窗口，外面狂风大作，暴雨如注，令人感到极度的寒冷。看着晦暗的天空，回想起小杜在龙舟上劈波斩浪的情景，想着他每天以泪洗面的母亲、年迈的祖父，我心里感到非常痛苦，却又非常无助！作为辅导员，我除了积极和家长保持沟通并协调解决问题与需求、帮助小杜协调保险理赔、关注同学们的状态以及为小杜祈祷之外，其他方面的帮助真的很有限！只能和同学们一起在心里默默为小杜祝福！相信小杜会坚强，会尽快恢复，回归校园！

我们等你回来，小杜，加油！

2018 年 4 月 18 日添加：

不幸的消息从小杜父母那边传来。13 日 13 时，小杜经过 8 天的抢救后还是没苏醒过来，永远离开了我们。这件事给我们留下了无限的悲伤。直到第三天晚上，我才有勇气召集大家到教室，把这个消息告诉班级同学：

"同学们，我们必须接受小杜已经离开我们的现实了。我们不愿意以这样的方式和小杜告别，但是希望你们保持坚强，记住我们这位可爱的家人，让我们一起努力代替小杜完成剩下的学业！"

4 月 17 日，我和班级同学代表，学院领导前往殡仪馆和小杜做最后的道别。那一刻，真的是心如刀割，无法承受。

小杜，希望你在星辰大海中，继续劈波斩浪，划出属于你的精彩！我们 17 机制 01 的家人们永远怀念你！

2018年5月30日

师生共同设计完成的两份毕业纪念标识

ycj2011
【创意青春】快来为你喜欢的作品投一票吧😊投完票别忘了转发推文，神秘毕业文创大礼包等着你哦😋

【创意青春】2018届学生毕业纪念LOGO设计作品等你来投票

2018年5月30日 08:02 删除

今年毕业季，学院推出了"定格青春""筑梦青春""创意青春""定格青春"和"启航青春"的系列毕业活动。我主要负责其中的"创意青春"环节。在和同学们充分讨论与设计之后，我们确定了两个图案，这两个图案后来成为学院毕业文化衫、环保袋的素材来源！

文化衫的标识设计由三部分组成：圆环在中心，周边是校园标志性建筑（行政楼、体育馆、包起帆展示馆、抓斗、学生活动中心等），它们绕着圆环围成一周，给莘莘学子营造了一个令人心驰神往的学习环境；圆环中间加入了2018年高职（国际）学院的21个毕业专业，21个专业形成一周，代表着2018届毕业生紧密围绕在学校、学院周围；内环是学校英文缩写和"2018届"的字样。我们巧妙地将学院院徽和2018结合了起来，希望毕业学子能够牢记同窗之谊、母校之情。整个设计寓意祝福2018届毕业生一路顺风、前途似锦。

环保袋标识的设计原型是学校大门。我们的设计理念是：每一所大学的校门都是学生印象较为深刻的地方，也是每一位

2018年高职学院毕业季文创展示

学生入学时与家人合影的地方，代表着追梦旅程的开始。如今学业有成，校门也是毕业生离开校园后回头最后看到的场景。我们特意将学校校门卡通化，让大学美好时光都汇聚到这里，希望毕业生们伴随着"产品、作品、人品"启航再出发。"我爱二工大"的英文字样代表着毕业生对母校无限的不舍与热爱。

希望我们的设计能给2018届毕业生带来更多的欢乐和回忆！祝福大家毕业快乐！

2018年6月23日

不忘初心，牢记使命，更要肩负使命

ycj2011
学习老干部们一生致力于教育的故事！
不忘初心，牢记使命，更要肩负使命！

2018年6月23日 22:58　删除

非常荣幸能在"七一"前夕，作为辅导员代表参加学校离退休老干部"回望入党那一天——讲故事、弘精神庆祝建党97周年座谈会"并发言。在认真聆听完六位离退休老干部们的故事后，我深受感动。各位老干部们以他们的故事和实际行动给我们年轻党员们上了一堂生动的党课，让我们不仅收获了丰富的精神食粮，更坚定了不忘初心、牢记使命的行动方向！

六位老干部的发言中有一个共同的关键词，那就是作为一名教育工作者的"责任"。他们中有人坚守在二工大，40年如一日；有的留学归来毅然放弃优越的职业，无怨无悔地投身教育事业。这些都值得我们学习。作为一名年轻的共产党员，我是幸运的。因为自2013年7月入职以来，组织就对我悉心培养与锻炼，同时也给予我关怀与支持。我也一步一个脚印，在工作中不断取得进步，不仅在学院学生工作方面，也在共青团工作方面取得

庆祝建党97周年座谈会发言

191

了突破。作为党组织的一员，我心怀感恩，不忘高校辅导员的誓词与使命。回顾过去五年，这只是我辅导员工作的起步，我将认真总结经验，在学生工作事业中继续探索、前进，争取更上一层楼。在未来的日子里，我会认真学习老干部们爱校荣校的优秀事迹，继续扎根学生工作第一线，和学生们一起书写属于我们的青春华章，为二工大增光添彩！

2018年6月24日

虽然没有毕业班,但我有毕业生

ycj2011

虽然今年没有毕业班,但是我有很多毕业生🐷!感谢大家还能记得我,我们都属于高职,高职因你们而精彩!我为你们骄傲,自豪!常回家看看!很难忘的一天,很难忘的联欢会!🎆🎁💪马上C位出道了,加油!祝福你们😃

2018年6月24日 22:37 删除

今天是学校举办毕业典礼的日子,虽然今年我没有带毕业班,但是我也一大早就来到学校参加毕业典礼。因为我知道,我的第一批专科毕业生今天迎来了本科毕业的日子。这不仅是他们人生中最为重要的日子之一,也是作为前任辅导员的我最为自豪的时刻!

前不久,当我看到《二工大报》毕业专刊电子稿时,我不禁惊呼:这张照片上的学生可都是我曾经带过的专科学生和指导过的学生会成员呀!这份专刊仿佛就是为我准备的,值得我好好珍藏。今天终于拿到这份特别的专刊了,我非常激动!看着图中六位小伙伴们一路走来,不断进步,我感到很欣慰!高数满分的德德,学生会佳伟、玉玲,特种部队兵哥哥海生、中彬……转眼间你们本科毕业啦,祝贺你们开启人生新阶段!

学生签名的校刊

193

毕业典礼之后，图中的几位同学不约而同地来找我，与我一起分享毕业的喜悦，同时也邀请一起合影，定格难忘的瞬间。我也将今年学院全新设计的毕业纪念文化衫送给他们，感谢他们对学院以及我的关心。时间过得真快，两年前金榜题名时一起欢庆的情景还历历在目，转眼就到了离别时刻了！我自豪地拿出这份专刊和同学们分享激动的心情，并邀请大家留下签名！我们一边天南海北地畅聊，一边回忆着过去一起开展活动、一起欢笑的点点滴滴！是缘分，让我们相聚在二工大，成长在高职！也是缘分，让毕业专刊定格了你们的同窗记忆！更是缘分，让我们同奋斗，创造高职的精彩！

这是我作为辅导员的又一种独特的幸福！

2018年7月27日

一次党性修养提升之旅

 ycj2011

过去一个月时间里，有幸在市委党校再学"旧"概念，接下来，需要进一步思考引领"新"实践！珍惜当下，继续努力💪苦不苦想想800米下的煤矿工人！累不累看看800米下的煤矿工人！

> 上海市哲社教学科研骨干研修班结业，传递出哪些重要信息？

2018年7月27日 23:09 删除 ···

为期四周的哲社班研修即将结束，非常感谢上海市委党校和单位给予我参加这次高规格培训班的机会。我定将心怀感恩，不忘初心，牢记使命，更会主动肩负起使命，为我党的教育事业贡献一份绵薄之力。

每次培训都有实践考察，这次也不例外。但本次培训的实践考察非常特别，这次实实在在的考察，让我得到了思想上的升华。我们小组来到了江苏徐州沛县开展国情考察活动，踏进了大屯煤矿800米地下的作业现场，体验了一线煤矿工人的劳动。这个经历让我非常震撼，也将成为我毕生难忘的一次经历。煤矿工人每天工作12小时，两头不见太阳，无比辛苦。和他们相比，我们在大城市里挤公交2小时上班又算什么呢？另外，我也第一次来到了侵华日军南京大屠杀遇难同胞纪念馆，淮海战役、渡江战役纪念馆等教育基地。通过参观，我重新认识并学习了这段历史，进一步增强了身为一名党员的使命感、

大屯煤矿考察留影

责任感和荣誉感！中华人民共和国成立以来，正因为有中国共产党的领导，我们才获得了民族独立、人民解放，正因为有无数奋战在基层一线的人民，我们才获得了美好的生活。1949 年，中华民族开启了新纪元，从此站了起来，新时期的 40 年奋斗让我们富了起来，新时代及未来的 30 年间，我们会让自己强起来。近 70 年的迅速发展源自我们政治制度的优越性，伟大的政治制度一定会带领我们实现社会主义现代化，一定会带领我们实现中华民族的伟大复兴。试问，世界上哪个时代、哪个民族能在这么短的时间内完成这个伟大的成就？只有中国！只有中国共产党领导的中国！

这是一次党性修养提升之旅！我为自己是一名中国共产党党员而自豪！

2018年11月5日

志愿服务首届进博会

ycj2011

#进博会首日活动圆满结束#
一流的盛会背后必然有：
一流的团队、
一流的标准、
一流的志愿者
有幸经历这不一般的主场外交，再理解标准和细节，局部和大局，个人和国家的关系。
明日继续加油
连续48小时的工作结束了，最后和交大学子们共进最后一顿晚餐，倍感温馨和激动。有缘结识，期待再聚你们都好厉害

2018年11月5日 21:43 删除

今天下班之后，我终于可以松一口气了，因为今天首届进博会开幕式顺利完成了。我们的工作也取得了阶段性胜利。从2018年8月22日至今，我有幸被单位委派参与进博会长期管理岗位志愿者工作，担任博览局论坛处招商联络员。

经过两个多月的忙碌，随着昨晚最后一张证件发出，我们的工作也稍微能松一口气了。11月5日开幕式和平行论坛圆满落幕，看着会场里落座的各位央企参会代表，凝视着手中做了详细标注、各种信息一目了然的代表汇总表，我感到非常激动与自豪。这是我们近两个月来的工作成果，无可替代！当然这当中也经历了很多事情，学到了很多东西。我经历了自己"三十而立"的大生日，也多次"横穿"上海，返校完成工作，处理学生问题；同时也认识了同组许多兄弟院校优秀的老师们，并结下了深厚的友谊！最为重要的是，我深刻感受到：作为一名普通公民，能够亲身参与一项国家大事，是幸运的，也是值得自豪的。作为一名党员，肩负一项政治任务，让自己的名字和国家大

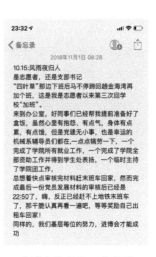

进博会期间的工作随笔

事联系在一起，是一份莫大的荣耀。作为一名高校学生工作者，通过身体力行，投身志愿工作，舍小家，为大家，为国家，是对学生最有效的教育方式，更是对全国教育大会精神的一次具体实践。

首届进博会正如火如荼地进行着，作为博览局的一员，我的工作仍在继续，我会继续坚守岗位，站好长期志愿者的最后一班岗，坚持到最后一刻。

祝愿首届中国国际进口博览会取得圆满成功！

2018年12月13日 🖋

从世博会到进博会，从身份标签到心灵价值

ycj2011

#后进博，共勉# 💪💪

伴随着17机制01同学们的精彩交流分享，充满青春活力的一天结束了。应该是最后一天穿上小叶子的服装了，很自豪自己是颗小白菜，也是一片小叶子，更是一颗幸运草 ☠

2018年12月13日 21:02　删除

自8月份开始的历时100天的进博会志愿服务工作告一段落了！回到校园后，我又回到了自己熟悉的工作岗位。之后很长一段时间里，我仍然会经常想起在博览局工作期间的点点滴滴！甚至偶尔有几次，上班路上还是会下意识地往国家会展中心的方向去……

本学期初，我积极协助学院党总支为老师们作了《做首届进博会小小螺丝钉》的专题报告，结合工作中的小故事和案例号召大家一起携手关注进博，奉献进博；同时也积极配合校团委举办我校会期学生志愿者的出征仪式，勉励"小叶子"们为进博会贡献青春力量。作为学校首位参与首届进博会长期管理岗位的教师志愿者，这些是我责无旁贷的责任和义务。

从进博会回来之后，我一直在思考通过什么方式给自己的学生传递一些正能量信息比较合适。工作心得体会可能不够，需要更深层次的交流。于是我产生了和自己带教的实习辅导员一起开展"从世博到进博，从身份标签到心灵价值"主题团日活动的想法，并开始着手策划。结合这次活动正好可以和阔别百日的同学们好好联络一下感情，也赠送一些进博会小纪念品给大家。

进博会主题班会部分内容展示

2018 年 12 月 13 日晚上，我穿上了"小叶子"礼服向大家分享我在进博会的经历。这是我在进博会之后第一次穿上这件红色"小叶子"礼服。我从自己大学期间的世博会"小白菜"经历讲到工作期间的进博会"小叶子"经历，向学生们分享八年来自己的变化与成长；向学生讲述国家逐步强大起来背后的一些中国青年故事！向学生传递"青春就是奉献，就是奋斗，就是爱国"的逻辑和理念！其间，我也邀请同学们分享之前学习习近平总书记在首届进博会上主旨演讲内容的心得，并开展互动！

作为一名高校学生工作者，我始终和同学们一起投身志愿工作，从校内的各项志愿活动，到和大家一起参与献血，造血干细胞捐献采样登记，再到一起多次见证凌晨的二工大校园去校外开展志愿服务工作。我一直以来都身体力行，和同学们一起行动，我认为这是对学生最有效的引领和教育方式。"志愿者"，已然成为我的工作核心以及我自己亮丽的标签。我们的志愿心将持之以恒，我将继续坚守青年工作岗位一线，和学生一起向前进，"博"青春，绽放青春最亮丽的底色。

2019年3月22日

记录一次为学生而感动的瞬间

ycj2011

20岁生日快乐🎂！
为了集体的荣誉，班长童鞋放弃了和家
人团聚的美好时光👍小伙子们今天都很
棒！一起过个集体生日吧，希望能给你
们留下一个难忘的生日😊

2019年3月22日 21:50　删除

"啊？你不是22号才生日吗？"

前天，当我像往常一样查看学生登记表时，意外发现班长的生日马上要到了！于是我设置了手机提醒，准备在他生日的时候送上祝福！然而有趣的是，我马上接到班长的来电：

"老师，我需要请假一节课，要临时回家和家人过20周岁生日。"

具体了解后才知道，原来为了参加班级的篮球比赛，班长要求家人将20岁的生日聚餐提前了，真是太让人感动了！我作为辅导员，必须给他安排一次集体生日呀！希望这个特别的20岁生日能给他留下些难忘的回忆，也弥补一些遗憾吧。于是我就早早订了个蛋糕，想着和同学们

学院杯篮球赛赛前打气

一起给班长好好庆祝一下。同时，我还和同学们约好到时候去篮球场为大家加油！

　　很快，今年的比赛就要开始了。因为家里有事，我先回了趟家。等我回校到达现场时，比赛已经开始了。看着同学们在场上努力拼搏的样子，我心里非常感动。虽然最后我们没有获得比赛的胜利，但好在同学们也没有太过于沮丧。在逐一安慰了他们之后，我提议大家一起回寝室给班长庆祝生日，并开玩笑地说"生日蛋糕已经等不及了！"回到寝室，吃着蛋糕，大家都很开心。班长也表达了对大家的感谢，并说会记住这个难忘的夜晚！

　　原本凝聚力就不错的班级，因为一次次班级比赛与活动，一次次暖心的互动，现在变得更好了！

2019年5月8日

记录今天的"青春三部曲"

ycj2011

#青春心向党 建功新时代#
青春三部曲

1.活力青春：转眼青年工作五年了，有幸和一届届青年伙伴们不断学习、成长！有幸每年的表彰大会都有我们学院努力的成果，更有幸能和学生们一起青春永驻！

2.红色青春：下午17机制01团支部"青年庆五四，齐心共奋斗"的主题团日活动让我印象深刻，在团支书的带领下，大家一起学习总书记讲话精神，班长分享《习近平七年知青岁月》学习感悟，大家畅所欲言，分享感受，为迎接毕业班的到来努力再奋进。有这样一批阳光可爱的学生太幸福！

3.定格青春：转眼又一批学生要毕业了，能得到学生们主动拥抱，合影真是作为一名学生工作者最幸福、最荣幸的事情，真心祝福你们一切顺利😊

今天太幸福太感动了，我是该哭呢还是该哭呢还是敢哭呢😂

今天，学校召开了"五四"表彰大会。这对我们17机制01团支部来说是非常重要的一天。我看着团支部书记小刘上台接过2018年度"上海市五四红旗团支部"奖牌，领取了这份属于我们集体最为重要的荣誉！

17机制01团支部经过长时间的创建与答辩之后，成功获得了2018年"上海市五四红旗团支部"荣誉。这是继去年16机制01之后我们学院的团支部连续第二年获得该殊荣！同时也是学校唯一一个入选的团支部！这值得我们每一位成员骄傲！当然，这也是我学生工作中的一次突破。表彰大会结束之后，我和班长、团支书马上来到4206教室，迫不及待地想在第一时间与同学们一起分享这份沉甸甸的荣誉。我们小步快跑，觉得从小剧场到教学楼的距离太长了！

我们的分享当然是有一定设计的，是结合纪念五四运动100周年暨"青春庆五四，齐心共奋斗"主题团日活动开展的。活动伊始，我首先对支部获得"上海市五四红旗团支部"表示祝贺，并表示这是支部每一位成员共同努力的成果，是集体的胜利，更传承了机械制造与自动化专业的优良传统！当然，我也好好地夸了夸班里的每一位同学！同时，我也表达了希望同学们不忘大学里面"我们是上海市最佳"的经历，勉励大家以这份荣誉的获得为契机，认真学习五四精神，以全新的姿态迎接未来，并争取更大的进步；团支书通过回顾支部红旗创建之路上的点点滴滴，结合习近平总书记在纪念五四运动100周年大会上的重要讲话精神，号召大家努力学习，不妄自菲薄；班长则分享了自己学习《习近平七年知青岁月》的感悟，呼吁大家把握好"创新、成长、奋斗"三者之间的关系，大胆创新，健康成长，努力奋斗，把自己锻炼成为一名新时代好青年！同时也感谢并珍惜这个温暖的集体。

17 机制 01 班的标识

随后，班级同学也纷纷起立进行分享交流，表达了满满的集体荣誉感。作为辅导员，我当然也感触颇深。17 机制 01 是我 2013 年以来第二批从新生就开始带的班集体。基于我自己的工作基础，我对他们的要求也更为严格。令人自豪的是，几位班干部都是大家眼中又红又专的新时代好青年，整个班级也在一系列校内外志愿经历中成长为知行合一、懂得感恩、踏实前进的集体！有这样一批阳光可爱的学生，我太幸福了！

希望在未来的日子里，同学们继续放飞活力青春，努力奋斗红色青春，定格一幅幅精彩的青春故事！

2019年5月19日

书写青春军营华章，铸就新时代钢铁长城
——记录一次以赛促学的工作提升之旅

 ycj2011
这应该是工作以来最充实、最繁忙的一个周末！
周日下午：有幸学习各位教师团干的工作方式方法。
周日上午：参与学校青马工程培训班，和学生干部们一道探讨大学学习生活。
还有周六整天的党务工作学习！
道理千万条，学习第一条！
唯有不断学习，不断实践，才能让自己更加进步，抓住每一个平台，练练自己！
感谢校团委、学院的支持，感谢马院苏勇老师的全方位指导🙏
睡醒了，继续做个PPT😪

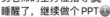

2019年5月19日 22:58 删除

今天顺利完成了团干部技能大赛复赛的征程！回想整个过程，从校内初赛到市里初赛再到复赛，真的是一种前所未有的磨炼！感谢学校的支持和助力，感谢可爱的同学们现场助威！不管结果如何，对于我来说已经是一种胜利了！

本次比赛收获最大、感悟最深的要数复赛环节的"五分钟微团课"和"'朋友圈'展示"了。

我的"五分钟微团课"主题是如何引领青年大学生践行社会主义核心价值观。我充分利用二工大劳模文化固有资源，结合同学们熟悉的"包起帆创新之路展示馆"中的素材，通过讲述杰出校友、全国劳模包起帆"爱国、敬业、诚信、友善"的四个小故事，为青年大学生学习劳模精神和践行社会主义核心价值观提供了一个方向。

"朋友圈"展示环节中，我通过引用一位学生在某次活动后发出的内心疑问，展开思想引领，巧妙地将大学生征兵入伍工作与四川凉山救火英烈的事迹相结合，引导学生实践爱国主义精神！

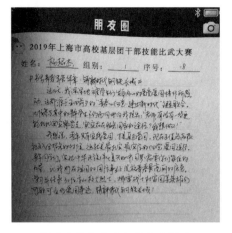

团干部技能比武大赛文案展示

我认为以上两个展示都是"微思政"的典型，即注重将身边的故事作为思想引领的鲜活素材，用青年的话语体系解释"高远寒"的理论。只有这样的思政工作才是既有力量又具效果的！

感谢首届技能大赛让我收获自信！学生工作任重道远，我将继续努力！

2019 年 8 月 3 日

一次井冈行，一生井冈情

ycj2011

#一次井冈行，一生井冈情💪

7天的井冈行给我们32人带来的不仅是中国革命摇篮的历史回顾，更是一次彻底的精神洗礼！更加坚定"青春心向党，建功新时代"的行动方向，让奋斗绽放青春，让信仰点亮人生！

马上要离开了，有些不舍，有些伤感😥我们新时代青年将努力实践，创造属于我们的未来！期待再上井冈山💪以优异的成绩向您汇报！

吉安·井冈山站

2019 年 8 月 3 日 17:04 删除

2019 年 8 月，我和另一位同事作为带队教师，和同学们一起前往井冈山，参加全国大学生"青春心向党，建功新时代"主题教育实践活动。

这是我第一次踏上这片红色热土，革命圣地。虽然是带队老师，但是自始至终，我一直以一名学习者的姿态与同学们一起！强烈的个人学习欲望，再加上基地丰富的学习实践安排让我们受益匪浅！巍巍井冈山脉横跨五百里，遍布着一百多处革命旧址，完全就是一个没有围墙的革命历史博物馆。我们在井冈山里的"三湾改编"现场感受情景再现，在八角楼接受现场教学，一起体验了红军"急行军"，学习了编草鞋做担架，重温了红色故事，学做了红军餐，尝了红米饭、南瓜汤等。

一周的学习与实践让我接受了一次彻底的爱国主义教育和精神洗礼！同时也让我们认识了许多来自全国其他高校的优秀师生。我们团队成员

教育基地寝室内书桌上的红色著作

彼此之间也结下深厚的友谊。于我而言，通过这次活动认识了各个学院这么多优秀的同学们，我感到非常荣幸！在返沪的列车上，我们认真小结，一致决定要"让信仰点亮人生"，努力实践"青春心向党，建功新时代"，相约今后取得了更优异的成绩后要再聚井冈山！

2019年9月14日

新同学你好，生日快乐！

ycj2011

#爱的报道日#
充满了传承与感恩，关怀与祝福！
祝福2019级新同学！学业进步，追梦圆梦！

2019年9月14日 22:26　删除

又到一年开学季，2019级的同学要来报到了！这次我将迎来2019级机电一体化技术和首届机械制造与自动化（航空维修）专业的学生。90位新生和全新的专业让我充满了期待！

在前期和学生会小伙伴们策划迎新相关活动的讨论中，我们计划结合即将到来的新中国成立70周年，将"生日"作为一个重要的主题！研究新生的信息后，我们惊喜地发现有三位新同学的生日就在开学报到当日，其中一位同学还是我的新生小李！这个发现瞬间点燃了我们的工作热情！于是我们立即联系新生、准备生日小礼物和祝福标语等。

我们很快就见到了三位"寿星"同学。在完成报到手续之后，我们邀请他们来到了活动现场。学工部领导、学院领导代表学校、学院祝贺同学们进入大学，并送上了最诚挚的祝福。在大家手捧生日蛋糕，伴随着音乐唱生日歌的温馨场景中，生日祝福的活动顺利

三位报到日恰逢生日的新生合影

完成。

　　随后我便和自己的"小寿星"小李同学展开了交流。我关心了小李的来沪方式、入住办理等情况,并帮他领取了新生"爱心书包"。在交谈过程中,我能感受到他的喜悦和紧张,他表达了要认真学习,未来争取获得更高学历的愿望。借此机会,我也向小李提出了一些期望与要求:在生日之际迎来大学入学报到日是十分难得和值得纪念的,希望他今天向父母表达感恩之情,同时在即将迎来祖国母亲70华诞之际,树立远大理想,并将自己的理想融入今后为祖国的发展而努力实践的道路中去!

2019 年 9 月 21 日

新起点，新集体，新征程

ycj2011

迎国庆，最近唱了好多红色爱国主义歌曲，看着同学们"我和我的祖国"主题团日活动场景，让我想到了"越过高山，越过平原，跨过奔腾的黄河长江"这句歌词，其实这也是这群青年学子求学的亲身经历！让我们感恩新时代，未来三年齐心共奋斗！
感谢班导生们的辛勤策划！

提到了：董义，18 机电 02 李艳峰，宋超，郭晓峰，石博辉，岳玉琳

2019 年 9 月 21 日 22:20　删除

在中华人民共和国成立 70 周年之际，2019 级机电一体化技术专业的新生们在军训期间开展了"我和我的祖国"主题团日活动。这是这批新生们进入大学后的第一次集体学习活动。我也全程参与其中，并和同学们一起学习。

为了促进班级成员之间尽快熟悉，以及传授大学期间活动开展的要点，辛勤的班导生们早已经带领班级临时负责人进行了活动的策划与组织。同学们通过观看纪录片回顾新中国成立以来的变化，充分了解和认识了祖国 70 年来的飞速发展；全体同学通过朗诵爱国诗歌《我和我的祖国》表达了对祖国的满腔热爱之情；在学长的提议之下，同学们一起绘制庆祝中华人民共和国成立 70 周年的标识，并在上面写下自己对祖国的美好祝愿和对自己大学生活的畅想！一句句祝福逐渐围满了大大的"70"。最后，全班同学

2019 级机电一体化技术专业学生在教室里开展团日活动

起立,重温入团誓词,并高歌"歌唱祖国"表达对祖国母亲最诚挚的祝福。

这次活动由机电一体化专业两个团支部及班导生等共 70 人联合开展,大家一起庆祝祖国 70 华诞,意义深刻。通过理论学习、爱国手绘、情感祝福、目标树立、重温入团誓词等方式,同学们更加充分地了解了祖国 70 年的飞速进步。

希望从今天开始,一次次的集体学习、集体活动能够让学生尽快融入新的环境,更希望学生们能够热爱这个全新的集体,在集体中努力奋斗,成就精彩的大学生活!

2019年10月1日

在世界的舞台上祝福祖国70华诞

ycj2011

73位二工大学子今日风雨无阻，以实际行动服务祖国，祝福祖国七十华诞！东体的中国红属于你们，未来四天，我们同在～
同时感谢各单位四年来对我们学生的认可，我们继续努力💪

上海·上海东方体育中心

2019年10月1日 21:09 删除

工作以来，每年国庆我都和学生们在一起。以往，有时候我们一起去市内寻访红色历史遗迹，有时候在寝室里一起简单聚会等。今年也不例外，而且今年的庆祝活动更加隆重了！9月27日到10月5日期间，学院再次承接了国际滑联短道速滑世界杯系列赛事的志愿服务工作。我带领多名学生以志愿者的身份参与其中，近距离感受世界级体育赛事的魅力！

国庆节当天，我们在休息室共同观看了雄壮的阅兵仪式和群众游行活动，一起为祖国庆生！以满满的自豪感共同开启了这次难忘的国庆节。从"中国红"到"工匠蓝"，体育馆外围颜色的每一次变化都是给我们辛勤的"小冰花"们的最好鼓励！我们不仅顺利完成了志愿服务工作，也深刻感受到了祖国的强大与伟大！感谢小伙伴们的奉献、支持与坚持！

在东方体育中心参与志愿服务的同学们

高职学院的同学们都有一份"短道速滑"情结！因为 2015 年以来，我们每年都在做这项志愿活动！这份工作让我们高职青年更团结、让团队文化得以传承延续，更重要的是，它已然成为我们提升爱国情怀的重要途径！值得一提的是，志愿工作期间，从支部走出去的第一位西部志愿者小周同志也抽空回到了我们大家庭。我们在休息室一起探讨了"'七彩云南'知识种子孵化行动"。让我们自豪的是，这项基于"不忘初心、牢记使命"主题教育的志愿实践活动、这项为祖国的脱贫攻坚事业贡献力量的志愿活动、这项让二工大师生将知识种子传向彩云之南孩子们的活动已经逐渐成形了！

　　70 周年国庆，毕生难忘！

2019年12月8日

十年漫漫，感恩放在行动上

ycj2011

转眼入党十年了，电脑翻了半天，遗憾没有找到 2009.12.8 的资料，只有一张将近一年后的小白菜！
十年了，感恩一路上对我有帮助的人，也感谢有那么多小伙伴一路相伴！很自豪能为党的教育事业贡献绵薄之力，下一个十年，继续加油！
PS.听说明年的比赛要转移北京，助力2022冬奥会！不在上海了……

上海·上海东方体育中心
2019年12月8日 20:08 删除

在每次支部党员发展大会上，我都会要求发展对象牢记这个"政治生日"！这是一个可能比自己的出生日期更重要的日子！当然，于我而言，我永远也不会忘记，我是在 2009 年 12 月 8 日这一天，在辅导员陈勇和同学王妙的介绍下加入中国共产党的！我是在"一二·九抗日救亡运动"纪念日前一天入党的，这预示着我作为一名学生也要肩负使命，有所作为！

2019 年 12 月 8 日，不仅仅是我入党十周年的日子，也是自我小结、再出发的新起点！这一天，我和可爱的"小冰花"们一起，作为志愿者为短道速滑世界杯上海站的比赛服务！我们在为上海、祖国，甚至也可以说在为 2022 年将要召开的北京冬奥会服务！晚上回到家中后，我翻出自己保存的"入党志愿"电子文档，又仔细阅读了一遍！虽然有些文字显得很稚嫩，让当下的自己不免一笑，

"小冰花"们在东方体育中心合影

但是我可以很自豪地告诉成长路上的各位引路人，如今，我正在努力实践当年入党志愿书中的誓言——"我之所以要加入中国共产党，是因为我要全身心地投入共产主义的事业中，为中国的胜利腾飞、为中华民族的强大出一分微薄而坚强的力量。"

十年前的我肯定想不到十年后自己能够扎根高校学生工作一线多年，立志"为党育人，为国育才"！当然，这都源于组织对我的培养，让我确定了前进方向，并坚定了前进的道路！十年漫漫路，需要感谢和感恩的师长、朋友、同事、同学太多太多！感谢放在嘴上，感激放在内心，感恩放在行动上！

2020年2月7日

疫情防控阻击战，党员责无旁贷

ycj2011
高校疫情防控阻击战，
高职学生一支部党员在行动！
党员责无旁贷，任重道远！
我们心连心，期待摘下口罩的那一天！
加油中国

2020年2月7日 17:50 删除

医疗救治专家组组长张文宏所言："派驻党员医生上一线，没有讨价还价。"共产党员就是要在关键时刻站得出、站得住。

在学院党总支的领导和指导下，我们高职（国际）学院学生第一党支部积极发声，每位支部党员都给自己设定了一个全力响应疫情防控号召的"关键词"并积极付诸行动。

"凝聚、意识、责任、爱心、信心、家

岁末年初，新型冠状病毒引发的疫情牵动着每一位华夏儿女的心。截至2020年2月7日，全国累计确诊病例3万余例。

针对本次疫情，党中央高度重视，习近平总书记于农历正月初一主持召开中央政治局常委会专题研究疫情防控工作并发表重要讲话，发出疫情防控工作新的总动员令。我们作为党员，更应在疫情防控工作中勇挑重担。正如参加抗疫工作的上海

响应疫情防控号召的"关键词"

园、团结、奉献、致敬、细心……"

从此，支部师生们"守初心担使命　抗疫情有作为"，践行"厚生、厚德、厚技"的校训，为打赢疫情防控阻击战贡献青春力量。

2020 年 5 月 5 日

加油，为自己拼搏！用心，为你们服务！

ycj2011

2020.05.05迎毕业生返校啦🖤

离开时还是小寒大寒期间，再回来已是立夏！最后 18 天，冲刺到底，金榜题名🔥送上暖心卡片和绿植，为你们加油🗑️

上海·上海第二工业大学(金海路校区)

2020 年 5 月 5 日 11:35　删除

2020 年 5 月 5 日是我们高职学院第一批学生返校的日子。离开时还是小寒大寒期间，再回来已是立夏时节了。一大早，学院全体辅导员就已经在校门口等待，只为迎接我们可爱的毕业班同学返校！

为迎接 170 名返校备考专升本的毕业班学生，我和学生会的小伙伴们花了两个晚上精心设计了"春暖花开迎君归，奋发有为正当时"等 6 条标语，欢迎同学们返校的同时，也为他们送上最美好的祝福！几位老师提出为毕业生配上一盆充满生机的多肉植物，希望可以给每一位同学带去满满的活力与青春的朝气，于是我们说干就干！还有老师在我的提议之下，在现场为返校同学准备了亲笔书写的明信片，将春日的美好期盼送给每一位同学。

同学们的这次返校，目标明确！最后 18 天了，安心复习再加把油！就让辅导员做你们的志愿

辅导员迎接学生返校

者吧，最后 18 天了，大家也要保重好自己，操场上走走，适当停留，能够让你更有力地前进，加油！最后 18 天了，大家的漫长备考已经接近尾声，无论结果如何，你们都可以自豪地记住这段珍贵且难忘的时光，今后的你们一定会感谢现在拼搏的自己！

人生漫漫，考验不断，只争朝夕，不负韶华！

2020 年 5 月 11 日

同学们好久不见了,挺想你们的!

ycj2011

#同学们,收信好#

为我每一位大一同学亲们书写的明信片今天全部盖章寄出😊特殊时期,我们来次心灵交流吧!很多线下见面都说不出的话可能在上面哦😊感谢"每日一报"让我知道了同学们的详细地址😄送个惊喜!工作和个人爱好相结合,挺好的,各种快乐!

2020年5月11日 21:22　删除

今天,中国邮政特别发行了一组"众志成城　抗击疫情"特种邮票。作为一位邮迷,我第一时间前往邮局排队并购得一份以作纪念。当然,今天的邮局之行不只为了买一份邮票,我还和所有大一新生进行了一次特殊的沟通!

因为疫情,同学们都没有返校,居家生活,线上学习的状态已经持续一段时间了。转眼已经快五个月没有见到同学们了,甚是想念!一直有书信习惯的我早已经做好了准备,给每位同学写了一张明信片,传递战疫必胜信念的同时,也向同学们送上鼓励与祝福,并表达了期待和同学们早日在校园里重聚的愿望!希望同学们都能顺利收到!

学生们虽然不在校,但是教职工已经陆续轮流返校值班了。宅在家里的同学们的一些需求也可以帮忙解决了。特殊时期,认真做同学们的志愿者吧!我们心甘情愿地做同学们的快递员,寄

辅导员为学生书写并寄送明信片

送书籍等必要的学习用具;努力为毕业班的同学们"云搬家",整理寝室内物品并搬运到校门口;用心指导毕业班同学进行前所未有的"云面试"和"云签约",解决学生们的燃眉之急!

　　特殊时期,我们彼此相隔千里,但是我们的心更近了!

2020年6月2日

同学，请感谢坚持到底的自己！

ycj2011

都是一根藤上的娃，或许有些会晚一点
懂事、晚一些时候成熟，在修学年限最
后一刻完成了，我比你们更开心！加油
吧，明天会更好

2020年6月2日 22:40　删除

2017年9月，我开始接管第一批两年制中高职贯通学生。原本，我是信心满满的，因为我已经做了一些准备，例如，我做过相关群体学生的调查研究并获得团中央学校部、团市委的表彰，也与学院前几届相关学生群体有过接触。因此，总体上感觉应该不会太难。然而，实际情况却打了我一个措手不及。这批学生和通过高考入学的学生相比确实有很大的不同。最大的问题要数学习基础薄弱，大部分同学在学业上存在问题，需要更多的关注与关心。转眼来到了同学们毕业的时间，毫无悬念，创下了我工作以来最多不能按时毕业的学生数量纪录！就业工作更是一直做到12月，直到截止日期前才完成。

近日，几位延毕生和结业生的成绩陆续出来了！很欣慰，他们都通过了所有课程考试并取得了学分，即将获得毕业证书，正式踏入社会开启新征程。看到他们取得

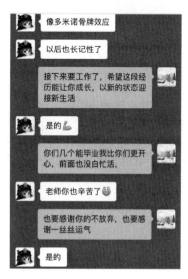

像多米诺骨牌效应

以后也长记性了

接下来要工作了，希望这段经历能让你成长，以新的状态迎接新生活

是的

你们几个能毕业我比你们更开心，前面也没白忙活，

老师你也辛苦了

也要感谢你的不放弃，也要感谢一丝丝运气

是的

辅导员与一位延长生的对话

的成绩，我心里还是很激动的，看来这一年对他们的关注和督促是有效果的！可能就像这张邮票里的葫芦娃吧，有的会先成熟先落地，但只要用心呵护，就都能到达成熟的时候！

希望这段经历能让同学们获得成长，并以全新的状态迎接新生活。

2020年6月12日

同"屏"共振，联动就业

ycj2011
同"屏"共振，联动就业！
最难毕业季，支部师生党员齐心奋斗，就业工作成绩显著！继续冲刺6.20，加油💪
十年后再次见到志愿书，太感动了😭
PS.学校党建服务中心太赞了，

2020年6月12日 19:37　删除

6月12日，高职学生第一党支部在党建活动中心开展了"聆听党史故事，回顾入党志愿，践行初心使命"的"四史"学习教育主题党日活动。

在对本次组织生活进行小结时，我认为这次组织生活的设计非常成功，不仅效果良好，还助力了毕业班的重头戏——就业！活动中，大家重温了《入党志愿书》，回顾了入党初心，并表示将牢记使命担当。或许这就是"走得再远也不忘来时的路吧！"能够再次看到当年入党志愿的笔迹也是一次难得的自我教育！

2020年，由于疫情的影响，毕业班的就业工作变得更加困难。如何确保毕业生顺利就业成为我们学生工作者们最重要的任务，党团组织、学生处、就业办等部门都在积极思考，贡献力量。我所在的学生党支部以"同'屏'共振，联动就业"的形式开展了促就业活动。我们通过学生党员与未就

支部教师党员展示入党志愿书

业学生结对签订就业帮扶承诺书，开展优秀党员校友就业与成长论坛等形式助力学院就业工作并取得了较好的效果。支部所属专业就业率位列学院前列，为学院甚至学校的就业工作做出了贡献。

最难就业季，冲！

2020年6月29日

致青春,共奋斗

ycj2011

感恩相遇,17机制01!
35位团青们毕业快乐!
海阔凭鱼跃,天高任鸟飞!后浪们,该
我们上场啦!

2020年6月29日 20:47 删除

2017级机械制造与自动化班级是我自2013级学生以来又一个完整带到毕业的班级!能够完整带完一届学生是多么的幸运和幸福!

17机制01今天毕业了!虽然由于疫情的影响,我们没有拍毕业照,也没有全员参与线下毕业典礼,有些遗憾,但是我们彼此不会忘记过去这三年的拼搏与奋斗!作为你们的辅导员,我已经为你们制作了一张特殊的合影(真的是熬了好几个晚上,用一张张证件照拼成的毕业照),希望能弥补大家的遗憾。班长代表大家出席了毕业典礼,分享了毕业的喜悦!更令人高兴的是,大家在疫情面前都逆行而上,顺利就业,这是作为"上海市五四红旗团支部"的我们应有的担当和表率!

非常有幸能遇到这么多可爱的学生。祝同学们毕业快乐,前程

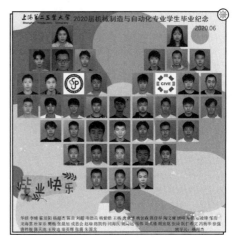

17机制01,一张特殊的毕业照

似锦！新的人生阶段，正如校长所言：面对逆境不"躺平"，面对顺境不"躺赢"！同学们，加油！

　　期待再聚首！

2020年9月10日

超杰老师也开学了！

2020年9月10日 11:15　删除

从今天开始，超杰就既是老师，又是学生，拥有双重身份了！在教师节这一天，我前往上海大学报到，开启全新的博士研究生学习！激动万分的同时，我也不会忘记家人、单位的支持，当然也要感谢自己的坚持。经过漫长的考博路，我终于"上岸"啦！

几个月前，在前所未有的线上复试环节中，我承受住了紧张的复试"拷问"，最终尝到胜利的喜悦，收到了录取通知书！回想起来，所有的情景还历历在目，真的是辛酸苦辣，五味杂陈！五年的漫漫考博路上，我不断确定专业方向和报考单位，虽然走了点弯路，但是回过头来看，似乎每年还是有点进步的，再加上自己的坚持以及幸运女神的一丝丝眷顾，终于圆梦成真！

辅导员送给大一新生们的一张卡片

　　其实我也深知自己的"实力"，就是一个半路出家的门外汉，正如我跟自己的学生打趣时说的那样："本硕博三个学段，从理学转到了教育学又转到了法学，可能三个方面都没学好！"博士毕业是出了名的不容易，对于还要兼顾工作的我来说可能会更难，但是仔细想想五年都坚持下来了，肯定要继续坚持，要继续奋斗。希望我的学生也能和我一起，共同奋斗，实现梦想。

2020年9月15日

致敬最可爱的同学们！

ycj2011

致敬中国军人！致敬最可爱的你们！踏上新征程，转入新身份，小伙们要加油！欢迎随时联系"驻校指导员"😊期待你们凯旋归来！

2020年9月15日 18:16　删除

又是一年送兵时！这次有三位同学顺利入伍，开启全新的生活。每年我这边都会有几位同学入伍，但今年似乎有点特别！

这次走兵的学生中包含了一个特别的人物——17机制01班班长小霍！他是我带的学生中第一位毕业生党员兵，也是整个学院的第一位毕业生党员兵！我没有想到，小小身板的他能够放弃较好的就业机会，毕业即入伍，致力于国防事业。然而细细一想，三年来他其实一直向这条路靠拢：作为花绳社的成员，他刻苦练就了强壮的身体，还为学校争得了各种荣誉；作为班长，他积极带领同学们投身校内外各类志愿者活动，在实践中无私奉献，服务师生、服务城市，并带领所在团支部获得2018年"上海市五四红旗团支部"荣誉称号；作为一名入党积极分子，他主动和我探讨学习《习近平的七年知青岁月》并认真撰写学习感悟。我为小霍同学的茁壮成长感到无比自豪！

去吧，勇敢的青年，努力拥抱军营，创造精

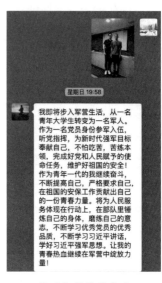

新兵与辅导员交流

彩！老师更希望你成为一名职业军人，立志为国防事业奋斗终生！经过努力，你已经成了党的人，请继续努力，为党的强军事业贡献力量！你是老师的骄傲！

2020年10月11日

一名高校辅导员的幸福

ycj2011
欢迎同学们来到党的诞生地——上海
欢迎同学们来到改革开放的热土——浦东
欢迎同学们来到劳模的摇篮——上海第二工业大学！🖤🖤大家的选择太对了！😂😂

2020年10月11日 22:43　　删除　　···

金秋十月的校园终于迎来了2020级学生的开学典礼！我围绕"爱国情""强国志""报国行"三个关键词，代表辅导员做了寄语新生的发言，希望同学们热爱伟大祖国，担当时代责任，勇于砥砺奋斗，并表达了与同学们并肩前行，陪伴大家茁壮成长的意愿！

今天非常难忘，经历了疫情考验的学生终于回到了校园，并且第一次在10月份经历了开学典礼！而我也第一次作为辅导员代表在主席台上发言，欢迎来自五湖四海的同学们！第一次面对如此多的群体发表演讲，我的内心激动万分！

早在9月份，我就收到了要上台发言的任务。说实话，我内心是非常担心的。心底一下子冒出来好多担忧：讲什么？能不能讲好？会不会出问题？然而，作为一名辅导员，职业本能告诉我，承担起这份责任具有重要意义：不仅能展示二工大及二工大辅导员的整体面貌，也是一次很有价值的自我锻炼，更能让我在学生的面前展现

作为新生班辅导员代表发言

自我。我没有理由退缩,必须做好! 于是,完成部分重要的工作之后,我就全身心投入发言稿的起草准备中。整个国庆长假几乎都在准备这次重要的讲话:我主动向各学部院收集典型素材;和领导认真讨论发言稿内容,细到每一个字;积极开展模拟训练,发现并纠正问题;开展现场彩排试讲,想象并感受现场的氛围等。

过程确实是很痛苦,也很折磨,但结果是好的! 各位领导都对我的发言表示肯定! 更意外的是,校领导也找到我,向我表示感谢! 然而,我的内心却是前所未有的平静,可能是因为我早已预料到了这个结果。但是,我还是想感谢学校的信任,感谢领导把这么重要的任务交给我,让我知难而进,提升能力,更深刻体会到了作为一名高校辅导员的无比幸福!

2020年11月9日

温暖的日子与你们同在

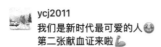

ycj2011
我们是新时代最可爱的人
第二张献血证来啦

上海市·上海第二工业大学-体育馆
2020年11月9日 16:13 删除

今天是一个温暖的日子。我和同学们一起加入了"无偿献血，救死扶伤"的伟大队伍！大一同学以志愿者的身份，大二同学以献血者的身份参与其中，留下了一个个动人的瞬间！

按照学院的传统，今年献血的主力军是2019级的同学们。前期在班级内动员之后，很多同学还是有些担心，甚至有些害怕。但是听说辅导员也参与献血，很多同学打消了顾虑，身体条件允许的同学纷纷主动参与。这让我非常感动！对于每一位参加献血的同学，我都为他们写了祝福卡片，并在现场送到他们手上！一来第一时间给同学们送去鼓励，二来也适当转移他们的注意力，提升自我荣誉感！

在我的学生工作中，公益志愿实践一直是一个重要的方面！我通过身体力行，与学生一道投身各类志愿工作，以实际行动为学生做出良好表率，并激发他们的主动性！我相信，在这样的良好环境中，青年学生的教育和思想引领自然能够同发展，共进步！

参与献血师生合影留念

2020年12月20日

海阔凭鱼跃，天高任鸟飞

ycj2011

海阔凭鱼跃 天高任鸟飞！
祝福大家，感恩漫漫人生中的两年多的环环相扣🐱一起加油💪最棒的第六届和第七届学生会🌟
感谢小伙伴们的邀请和大大的惊喜🦉

上海市·上海第二工业大学(金海路校区)
2020年12月20日 23:25　删除　••

今天是澳门回归的庆祝日，对于祖国来说是重要的一天，对我来说其实也有特殊的意义。今天应该是我最后一次以团干部的身份参与同学们的活动了。

每年高职学生会换届后都会举办新老两届学生会的联欢会。这个温暖的传统从第一届学生会开始延续到了现在。它代表着新老两届学生会的传承与接力；代表着毕业班学生干部正式离任，自此将更专注于后续的学业、就业与升学；同时也表达了团委、学生会老师们对大二后备同学们的欢迎，并意味着新一轮的工作正式开启。

过去近6年的时间里，我一直和同学们奋斗在共青团工作一线，同事们曾打趣说："真是铁打的杨老师，流水的学生干部呀！"从第一次联欢会到今天，我一次都没有缺席！但是因为工作调整，今天可能是最后一次了。原本我已经忘记这个活动了，但是可爱的同学们热情邀约，让我十分感动，现场更是有一个又一个的惊喜，内心的感动已经快要从我眼眶里涌出来了！我是幸运的，因为我能和学院最好的学生团队一起共事。感谢一批又一批学生们的助力，因为你们，学院的青年工作才能够逐年提升，特色聚焦！

高职学院第六届学生会签名告别

今天我将和第六届学生会的小伙伴们一起告别这个团结又温暖的舞台！虽然我们要离岗了，但是今后我们的心仍然会和青年工作在一起！我会铭记在高职团学工作的点点滴滴，也希望小伙伴们能够延续高职学生会的优良传统并争取获得更大的成就！

2021 年 1 月 24 日

2013 级的小伙伴们，老师想你们了！

ycj2011
毕业五周年快乐13级小伙伴们🌍
有一种寄喜帖的感觉😆

2021年1月24日 17:26 删除 · ·

寒假前期，校友会给我们送来了很多新年贺卡，希望辅导员能够帮他们寄给校友们。看到这些贺卡的时候，我顿时眼前一亮！首先想到了我的第一届学生——13 级的同学们！转眼间，他们毕业快五年了！看着火红的卡片，我的思绪不由自主地回到了刚入职时和同学们在一起的各种场景。

利用这次寄贺卡的机会，我几乎又联系到了所有的同学！随着联系上的同学越来越多，贺卡不够用了，我甚至去校友会又申请了一批！在和大家的交流中，我感受到了同学们对母校的怀念之情！真希望大家有机会回到班级里再次聚聚呀。大家的变化都很大，很多人已经成家，生儿育女了。其实，通过大家的"朋友圈"，我知道很多同学已经不在上海工作了！大家在全国各地奔波，有些人已经回归家乡，建设家乡！

跟以往寄明信片不同，学校的贺年卡我没有写太多文字，但

辅导员祝福大学生士兵的贺卡

是希望这份小小的卡片也能成为一份家书，给同学们带去最美好的新年祝福。更希望同学们常回家看看，随时找辅导员答疑解惑——辅导员不是三年，是伴随一生的！

祝愿同学们平安，幸福！

2021 年 3 月 8 日

首批春季兵,加油啊!

ycj2011
百年党史助前行,强国使命扛上肩🔫
戴上大红花,从此报国家!
小伙子们加油👍

2021年3月8日 18:25　删除　　···

学院首批春季入伍的同学即将踏入军营!

因为大部分即将入伍的同学都是支部的入党积极分子,同时支部也有退伍军人党员师生,为进一步发挥这些身份的作用,我想着要把这批 11 位"准兵哥哥"们召集起来,借助学生党支部的平台向他们开展一次入伍前的教育暨欢送会。我的这个想法也得到了党组织的大力支持。

经过前期的准备,支部组织生活顺利开展。本次组织生活的核心议题是支部层面的党史学习教育动员会,以陈红军等五位"戍边战士"的英勇事迹为例,围绕党的军队发展展开。所以这批即将入伍的同学参与进来一起学习太合适不过了!其间,新兵代表同时也是支部入党积极分子小郑同学代表全体 11 位新兵发言,表达了报效祖国的决心。支部退伍军人党员郝老师、退伍军人学生党员宋同学等分别就国内外形势和入伍期间的经历展开了交流。这对于新兵来说是一次难得的军旅生活答疑解惑的好机会,更坚定了我们向着"听党指挥、能打胜仗、作风优良"的方向前进的信心与决心!

党总支副书记对我们本次组织生活的策划和安排表示了充分的肯定:围绕党史学习教育的主题,充分结合学院学生工作开展,不仅让组织生活内

支部新兵欢送会部分内容展示

容丰富饱满，更让支部的思想引领作用范围不断扩大！这个尝试值得推广。

组织生活的最后，党支部的老师们给兵哥哥们一一戴上了大红花，送上了深情的拥抱和真切的祝福。此情此景太温暖，太感动，太令人难忘了！期待兵哥哥们建功立业，凯旋归来！

240

2021 年 4 月 18 日

在实践中感悟伟大抗疫精神！

 ycj2011

#学党史，我为群众办实事#
高职学生一支部学生党员、入党积极分
子兵分两路前往瑞金医院和中西医结合
医院开展疫苗接种志愿者工作！感谢毕
业班党员们在繁忙的毕业季依然"随叫
随到"👍太棒了！顺便去全新的一大会
址打了个卡😊

上海市·中国共产党第一次全国代表大会会…
2021 年 4 月 18 日 19:24 删除

学生党员参与瑞金医院志愿工作

　　2021 年是特别的一年，我们即将迎来建党 100 周年的伟大日子。围绕
党史学习教育，我们支部也在校内外积极开展了"我为群众办实事"的志愿
实践活动。当下，疫苗接种成为大家关心的事情，各级各类接种点也排起了
长队！在这样的情况下，我想着支部能不能在这方面做一些工作，并主动在
校内外寻求资源。

　　很快，我在前期团工作期间有过合作的小伙伴那里找到了一个机会！
于是号召支部党员、入党积极分子主动行动起来，在周末两天赴疫苗接种站点开展志愿工作。我们在接种站点的接种登记、信息查验、接种预检、接种引导、留观区服务等岗位上开展了服务。

活动结束后，我们又第一时间来到不远处的中共一大会址参观学习，参加"我为建党百年打卡"红色基地大寻访活动，并在现场开设"学党史，做先锋"主题微党课。我对各位党员在繁忙的毕业季仍然保质保量完成支部的学习与实践工作表示了感谢，并要求学生党员们将党史学习教育与抗疫精神学习紧密结合起来，努力做到"我是党员做先锋"，踏实实践"我为群众办实事"。

在毕业季这个特殊时期，通过深入疫苗接种第一线，同学们深刻体会了疫苗接种工作的不易，切身感受了伟大的抗疫精神，相信他们将会以更饱满的姿态投入后续的就业工作中去。

2021 年 5 月 4 日

红色寻访走起来

ycj2011

从一大会址到杨浦滨江，从石库门到现代滨江！美好的一天、党史学习的一天，青年们的一天

上海市·中共一大会址纪念馆

2021 年 5 月 4 日 17:00 删除

今天是五四青年节。我们"能工巧匠机制队"五人组开启了一段特别的党史学习教育之旅。我们一起参加了团市委组织的"永远跟党走，青春耀百年"上海青少年红色大寻访活动。在实地探访和沉浸体验中学习党史知识，现场体验感悟"五卅运动纪念碑"等红色场所蕴藏的革命传统和革命精神。

这次活动，我们还带了班里四位入党积极分子一起前往！从一大会址出发，我们先后寻访了五卅运动纪念碑、钱学森图书馆、远洋号、黄浦码头、杨浦滨江人民城市建设规划展示馆、陈望道旧居等红色场所。在带领同学们近距离了解城市文化的同时，更让同学们深刻感受了党的诞生地——上海的红色文化！

相信通过本次"学、思、行、悟"活动，青年团员们能更加深刻理解"学党史、强信念、跟党走"的内涵和要求，进一步提升对城市的热爱，不断增强爱党、爱国、爱校情怀。我坚信，在追求加入党组织的道路上，他们会不断前行！

"能工巧匠机制队"五人组队旗

2021 年 7 月 1 日

在中国共产党成立 100 周年的
这一天递交入党申请书

ycj2011

#请党放心 强国有我#
特别的日子里，收到了小伙伴的入党申请书，老师和党员同学和你共同见证🌹特别的日子里，支部好同事步入婚姻殿堂了，祝福😊特别的日子里，支部新发展党员庄严宣誓，永远跟党走，砥砺再出发👍百岁生日快乐，中国共产党万岁！

2021年7月1日 19:39　删除

今天是一个伟大的日子！中国共产党成立 100 周年庆祝大会在北京召开！

学校里也举行了形式多样的庆祝活动。上午我们准时收看大会的直播，学习了习近平总书记的重要讲话。下午我参加了学校举办的主题歌会暨"两优一先"表彰大会。我代表支部上台领取了校"优秀基层党组织"的奖牌，内心激动万分！这可是支部成立以来获得的最高荣誉呀。支部的几位新发展预备党员也上台集体宣誓！能够在建党百年之际入党并在师长的见证下许下铮铮誓言，这一刻必将成为同学们毕生难忘的时刻！

然而，今天最让我感到激动的还是发生在上午庆祝大会前的一件事！同学们在校门口集合准备去企业实习，当我走过他们准备与他们道别去会场的时候，班级里一位同学叫住了我，并向我递上了一份材料。熟悉的声音让我一下子就知道是小回同学！正当我疑惑是什么东西的时候，小回同学坚定地告诉我："杨老师，这是我的入党申请书，借今天这个特殊的日子，交给您！"我双手接过申请书并对他表示充分的肯定与鼓励！说话间，其他同学也跟着围了上来，纷纷对小回同学竖起大拇指，并对小回同学表示崇拜和支持。

其实，小回早在年初放寒假前就针对提交入党申请书的事情与我有过长时间的交流，我也解答了他的一些疑惑。没想到他选择在这样一个重要的日子提交申请书！他今天的决定表明他不仅关注时政，入党的决心还非常坚定！为记录小回同学这一重要的时刻，

支部师生在学校庆祝建党百年活动中的合影

我邀请班级党员同学一起合影！希望小回同学以今天为起点，继续努力，早日成为组织的一员！

2021 年 7 月 23 日

一次感恩之行

ycj2011

今天是 2021 年 7 月 23 日，100 年前的今天中共一大在上海召开，这个日子不能忘，这个日子也不能搞错😂记得以前在面试教资时考官问我为什么一大召开是在 23 号？把我问倒了，他也不告诉我答案，但是我至今还是没找到答案……

上海市·中共一大纪念馆-国旗广场

2021 年 7 月 23 日 19:17 👤 删除

今天是 7 月 23 日，又是一个伟大的日子！100 年前的今天，中共一大召开了！

今天我给自己也安排了一次学习，第一次去瞻仰了中共一大会址纪念馆的新馆和国旗广场。新馆开放有一段时间了，之前虽然也来过，但是都是在外围，没有进去近距离感受。今天给自己安排一下！今天前来新馆参观学习的人非常多，我看到了很多来自全国的高校学生社会实践团、国企事业单位团等，他们都是来感受这伟大时刻的！进入场馆时，正好有工作人员在讲解，我便耐心跟随，再次认真学习了我党的百年历史！

学习结束之后，我找到了一个相对安静的地方，准备给成长路上给予我帮助的老师、同学们写明信片，表达我对他们的感恩之情，同时也借此机会与他们联系，了解近况。今年是我小学毕业 20 周年，也是前往兰州求学

寄给老师的祝福明信片

的第十个年头！在这个伟大的日子里，我也给我的老师们送上了祝福！从一定意义上讲，这也是为了让我铭记自己从哪里来，现在在哪里，今后要往哪里去！回想自己的成长经历，教师对我而言可能更多的是方向与标杆。老师让我知道自己该做什么，做得好不好，并总能让我有前进的自信与动力！正如我的小学班主任黄老师，从初为人师到现在，用二十余年的坚守，诠释着天下最崇高的职业精神！作为学生，我需要老师；作为老师，我更需要老师！

最后，还是"朋友圈"里的问题："中共一大为什么在 23 日召开?"有小伙伴知道吗?

2021 年 9 月 5 日

香江守卫者凯旋

 ycj2011

阔别两年，保卫东方之珠的怡超童鞋回来啦💪无缝连接，马不停蹄继续发挥作用👍非常高兴你能和老师分享那么长一段参军经历，顺便也从中发现了我们的一个共同点😊

2021年9月5日 19:12 　👤 删除

　　　　　　　　　　　　　　　　　　阔别两年之后,我和小陈同志又一次在校园里重逢了! 不得不说时间过得真快,两年前的凌晨送别以及入伍期间的书信往来感觉还是在昨天! 但是,这位充满活力又帅气的驻港部队退伍军人小陈同志真的就在眼前了! 退伍复学之后,他无缝衔接,加入学校军训教官的行列,继续发挥力量! 同时,他正式向党组织提交了入党申请书!

　　小陈是 18 级眼视光技术专业的学生,也是我所带学生中第一位前往驻港部队服役的。相比班级中其他同学,他更加懂事和成熟,不但能把自己的事安排得很好,而且也会考虑到家人的方方面面;不但敢于表达自己的想法,而且愿意不断尝试、自我突破;不但有远大的理想,而且有一颗红色的心! 自入学以来,他在学习生活、未来规划、内心状态等方面都能和我保持紧密的交流! 记得在新生入学之后的一次谈话中,他说:"作为一名中高职贯通专业学生,两年的大学生活太短暂了,我需要给自己创造更多的历练!"这句话给我留下了深刻的印象,让我非常希望能够帮助他,实现他的理想。小陈的专业能力突出,学业上完全没有问题,在这样的情况下,经过几次交流之后,我决定引导他向党组织靠拢,并努力让他这个专业性、服务性特别强的专业更好地发挥作用!

　　他所学的眼视光技术专业比较特殊,学校没有对应的本科,因此升学成了该专业学生的一大困难。对此，小陈同学和我讨论并规划了许多次，我们甚至考虑过换个专业。但是，本着他需要多历练的初心，最终我们初步确定了参军入伍的规划！原因有三：不仅锻炼身体素质，也磨炼精神意志；能让他一心向党，不断成长；他的未来可以多一种可能！就这样，经过层层选拔，小陈同学成功入伍，并在优中选优之后被推荐至驻港部队服役！

对入伍学生的寄语

建党百年恰逢生辰廿年

ycj2011
不管几岁，快乐万岁！🎂祝福同学们20岁生日快乐🎁

2021年9月6日 22:29　👤删除

2020级学生的军训正如火如荼地进行着，今晚开展的"军民联欢会"将是一次难得的"放松"机会。联欢会期间有个特别的仪式，那就是给出生在9月份的同学集体过生日！我们希望通过这样的方式向同学们送上祝福，同时也鼓励大家坚持到底，夺取军训的胜利！我也在今天向自己9月迎来20周岁的学生送出了信件和祝福！

向学生们传递生日的祝福，是我一直使用的"老办法"了。但在形式和手段上，我花了很多心思。新生入校后，我会专门打印一张印有"生日"字段的表格，并按日期升序排列，以保证不遗漏对任何一位学生的祝福。每当有学生生日时，我会以短信、电话、到寝室等方式向学生送上祝福。这是对在外求学游子们的祝福，也让学生感受到被人惦记的温暖。其实这几年里，除了写信给学生送生日祝福外，我还常常给同学、正在服役的学生兵哥哥、师长等写信。每次听到兵哥哥跟我说"谢谢老师的明信片，很感动，把战友们羡慕坏了"时，我更加坚信自己的做法是对的，是值得坚持的！这是我表达感恩和进行情感表达的一种方式，也希望同学们能够找到属于自己的方法与途径。

今年年初，我在整理同学们信息的时候突然意识到我的2020级学生们将在今年陆续迎来20周岁的生日！建党百年恰逢生辰廿年，这是多么难得及有意义的重合！对此我决定给每一位今年即将年满 20 周岁的同学送上一个特别的祝福。于是一个思政工作切入点就这样产生了：自 7 月 1 日起，我给每位过生日的同学写一封信并放入"建党百年"的主题信封里，然后交给他们。在信中，我表达了作为辅导员对学生生日的祝福，并将习近平总书记

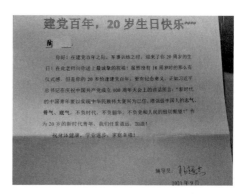

辅导员给同学们的生日祝福信

"七一"重要讲话精神融入其中，勉励同学们听党话，跟党走！仰望星空，脚踏实地！同时，我还为每位同学"量身定做"了特别的祝福与期望。不敢口头语，但借信纸传真情！

2021 年 9 月 28 日

五星红旗永远是我们前进的动力

ycj2011
五星红旗永远是我们前进的动力！新大学生们要努力、要奋斗💪

2021年9月28日 11:43　👤 删除　··

这几天"孟晚舟返回祖国"的事件引起了各方关注。坦白而言，在这之前我对孟晚舟女士不是很了解，对她在海外这几年的遭遇也没有太多关注。但是网络上她走出舱门的照片深深吸引到了我：孟晚舟女士鲜红的服装与机身上的五星红旗以及文案的呼应让人印象深刻！

通过学习她回到祖国后第一时间发表的简短演讲、"朋友圈"文章《月是故乡明，心安是归途》、人民日报评论文章《没有任何力量能够阻挡中国前进的步伐》以及该事件的经过之后，我感触颇深。或许在国内的我们不能深刻体会一面五星红旗的力量！然而越来越多的国事访问背景中的旗帜，甚至从一些影视作品中，我们都能感受到五星红旗以及祖国坚不可摧的力量！成长在"强起来"的中国，我们不仅要加倍珍惜，还要不断去努力奋斗，让五星红旗屹立不倒，迎风飘扬。我们不仅要自豪地歌唱祖国，更要时刻拥抱祖国，祝福祖国！

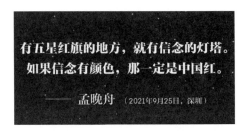

有五星红旗的地方，就有信念的灯塔。如果信念有颜色，那一定是中国红。

—— 孟晚舟 （2021年9月25日，深圳）

孟晚舟回国后在机场的发言摘选

2021 年 10 月 5 日

感谢《长津湖》这颗"彩蛋"

ycj2011

《长津湖》的"彩蛋"不在银屏，在我们每个人心中！烈士纪念日之后，欢度国庆之时，通过这部影片给自己上一堂深刻的爱国主义教育课，并努力传承伟大抗美援朝精神，这就是《长津湖》最美的"彩蛋"！就是给先烈们最好的纪念！

《长津湖》最大彩蛋曝光！看电影时，很多人都忽视了……

2021 年 10 月 5 日 22:00　删除　••

10 月 1 日下午，我去影院观看了一部荡气回肠的作品——《长津湖》。之前通过宣传片和网络已经大致了解了影片的主要情节及其催泪的场面，甚是期待。事实确实如此，还未看完，我就已经把思绪融入影片里面了，甚至直到今天还在想着影片中的情节。

出于职业习惯，在观看影片过程中，我不时拿出手机记录下了很多感人的瞬间和细节，特别是一些具有教育意义的素材（其实也挺不好意思的，因为手机的亮度可能会影响到其他观众）。影片一结束，我便迅速回到家，开始书写自己的感受，希望通过一名辅导员的视角向学生们传递"抗美援朝，保家卫国"的意义，希望同学们能更深刻地理解伟大抗美援朝精神的精髓。很快，我完成了一篇名为《万里长城，江山如画》的文章，并发布在公众号上，同时转发给学生，共同学习。

这几天这部作品迅速传播，产生了非常大的影响力。"朋友圈"里也看到很多同学晒出了观

影片《长津湖》海报

影的感受、评论，很多兵哥哥都在观影后起立行军礼，让人感动。对于这样一部具有影响力的作品，我认为可以借用来做些有意义的事情。于是，我随即开始准备相关主题班会的内容。今天看到的这个帖子感觉很有分量，可以引用和延伸。相信肯定会有很好的效果，非常期待。

感谢《长津湖》这颗"彩蛋"，为我带来了一节三个小时的爱国主义教育课，值！

感谢《长津湖》这颗"彩蛋"，为我提供了一份能让自己耐心写作、传递情感的素材，值！

感谢《长津湖》这颗"彩蛋"，成为我工作上的拓展，让我有了开展学生思想引领的好机会，值！

2021年12月8日

十二年一轮回,不忘初心,牢记使命!

ycj2011
转眼十二年一轮回,
不忘初心,牢记使命!
心怀感恩,砥砺前行!

上海市·上海第二工业大学(金海路校区)
2021年12月8日 10:30 👥 删除 ⋯

最近这些天,我全身心投入辅导员年度人物评审材料的准备上,特别是个人事迹介绍部分花费了我大量的时间和精力。在领导的指导之下,内容可能还要调整,临近截止期,感觉压力颇大! 昨天各项工作忙完之后实在太累了,所以早早就睡下了,结果今早5点左右就醒了,感觉精力倍增! 趁着思路清爽,我决定趁热打铁,立刻起来继续事迹材料。

上午到校后,我马不停蹄地投入修改工作。突然一条来自"上海第二工业大学"的短信把我的注意力从电脑屏幕引向了手机。原来是学校党委组织部发来的生日祝福! 这条信息让我顿时停下了写作。党龄十二年,十二年一轮回! 看着这条短信,我不禁想到了这十二年里的点点滴滴! 我自认为在工作之后,特别是最近几年,才算开始实实在在地为组织贡献一点力量!

看! 微信图片中手持三张献血证的,是学生党员小李同志! 她

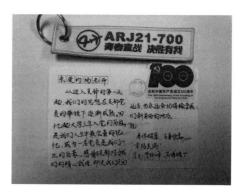

2021届毕业生感恩支部的培养

告诉我，正是由于我在走访寝室过程中与他们分享了图书《顶天立地谈信仰》及对于其的学习体会，才让她坚定了入党的信念并以实际行动接受了组织的培养。同时，在主动参与班导生工作、上海市爱心暑托班志愿服务等实践活动当中，她不断提升自己，锻炼自己，做到实践在脚下，力量积聚在心中！

看！图片中手持党旗的学生党员小侯同志！他是一名在党和国家的阳光下成长起来的大学生，他带着一颗感恩的心来到大学校园，连续两年参加"资助宣传大使"活动，并将国家资助政策的阳光传递给更多人。在这个过程中，他对初心的坚守有了更实际的行动，思想也逐渐成熟，并且持续激励自己不断完善、追求卓越。

想到这些优秀的学生在自己的引导与教育之下成长得如此出色与成熟，我的内心便充满激动与自豪，幸福感油然而生！顿时感觉动力满满，一上午的材料书写也有了质的飞跃！

还是要感谢党组织的生日祝福呀！

2022年6月23日

背上行囊，走向诗和远方！

ycj2011
【看，聊天记录有多少？】
前面同学问：老师，我们要毕业了，我们照片什么时候放入你的照片墙？
我说：最好的放心里……
转眼今天最后一位毕业生也离校了😭可能不能再叨逼逼你们了！大学最后一站，同学们再看看我们之间的聊天记录吧，带着我们的故事和回忆，背上行囊，走向诗和远方！
感恩我们相遇，感恩我们同舟共济！

2022年6月23日 19:01　👥 删除　　··

6月份开始，同学们陆续离校，前往工作单位或者返乡，开启全新的人生阶段。三年来有太多美好的回忆，三个月来有太多的艰难及辛苦，三个星期来又有太多和同学们陆续告别的不舍……但是同学们，这些都是属于我们的幸福！

2019级的你们是极为不平凡的一届学生！

在过去三年中，我们共同经历了中华人民共和国成立70周年、校庆60周年、中国共产党成立100周年以及建团100周年的伟大时刻。在祖国繁荣与发展的进程中，我们每个人都是见证者、参与者、贡献者。

在过去三年中，我们也共同经历了2020年全国上下共同抗击新冠疫情的大考，以及2022年春季上海疫情防控保卫战！同学们都以自己的实际行动投身校园防疫一线，同时经历了异常严峻的就业历程。但是我们坚韧不屈，一一攻克了许多困难！特别是在就业环

2022届毕业生毕业合影

节,大家迎难而上,主动作为,通过线上应聘、云端实习等方式克服重重困难,最终成功就业。还有 9 位毕业生毅然投笔从戎,率先奔赴军营,传承并践行戍边英烈"清澈的爱,只为中国"的铮铮誓言,我为他们感到无比自豪! 19 机制 02 航空维修专业的 9 名同学成功入职了春秋航空和上海飞机制造有限公司。他们努力实践专业梦,为航空航天强国事业贡献力量,让我颇为骄傲! 我欣慰于想退学复读的同学能接收我的建议,安心学业并成就精彩的大学生活;我曾在深夜为新兵哥哥"千里送关怀",如今他们安心在营,保家卫国,这当然也让我无比自豪!

历经风雨的你们未来一定会更美好! 同学们,以后老师不会再唠叨你们了! 再看看我们之间的聊天记录吧,带着我们的故事和回忆,背上行囊,走向诗和远方! 再次感恩我们的相遇,感恩我们的同舟共济,感恩 86 位小伙伴们!

2022年7月20日

打 Call 西部志愿者郭晓峰同志

ycj2011

小郭去西部当志愿者了！好骄傲啊！有幸相互学习的四年并见证了你的几个重要时刻😁

2022年7月20日 22:57　👥 删除　⋯

今天,我去浦东机场为即将启程前往重庆参加"西部计划"的学生小郭送行。

提到小郭,他可不仅是一位优秀学生干部,还是一个精通各种技能的"万事通",更是一个热心公益志愿事业的阳光帅小伙。两年前,小郭以优异的成绩从专科毕业并继续攻读本科学业,如今,他本科毕业了。四年来,能和小郭相互学习,一起成长是幸福的,我从他身上学到了很多技术——摄影、P图等,他处理任何事情都精益求精的态度也让我十分敬佩。

小郭是我的第二位西部志愿者学生了。上一次我因为工作外出,没能去送别支部第一位西部志愿者小周。这份遗憾今天我有机会补上了。我认为小郭的"西部路"也受到了直系学长——小周的影响,我们曾一起联合小周开展"七彩云南"知识种子孵化行动,为教育扶贫贡献

团员青年在上海展览馆考察学习

259

力量。通过这个活动,小郭这颗知识种子也向阳而生,就像蒲公英一样,乘着新时代的东风,飞向祖国西部。当然,四年间无数的志愿服务经历让我对他做出服务于西部的决定一点也不意外,更多的是对他的敬佩与骄傲。

分别之际,我向小郭送上了祝福和一本《论党的青年工作》书籍,并寄语他要继续学习,珍惜机会,用青春的脚步丈量祖国大地,用无私的奉献服务人民群众!

2022年8月29日

新学生，新专业，新旅程

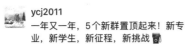

ycj2011
一年又一年，5个新群置顶起来！新专业，新学生，新征程，新挑战

2022年8月29日 16:28　删除

一年复一年，伴随着毕业生的离去，新生的到来，每年九月都充满了美好的期待。

然而，今年的情况有所不同。因为疫情，我们的新生报到和开学典礼全部转到了线上，这是前所未有的。而且，更大的变化在于，由于学校的调整以及组织安排，我的学生都转入了新的学院，我将接管全新的专业和班级。对我来说，一切都是陌生的。从原本带以外省生源为主的机械类专业学生转为带以上海生源为主的计算机类专业学生，而且继续新生、老生、毕业班学生全覆盖，全部是以前没有接触过的学生，挑战还是挺大的。

不过，客观上的变化也是一种自我督促和激励。就像习近平总书记在首届进博会主旨演讲中所说："没有风狂雨骤，那就不是大海了。狂风骤雨可以掀翻小池塘，但不能掀翻大海。"我也要敢于面对变化，勇于接受挑战！毕竟工作也快十年了，不能一直在原先的小池塘里游荡，总要经历一些所谓的大风大浪，才能让自己更好地成长。

新学期，给自己打打气，加加油！

和第一位报到的新生合影

2022年9月5日

跨越三年的"朋友圈"

ycj2011

在整理19级毕业生图文素材的过程中发现了这张充满故事的照片！真的可以认为是一个人物背后都有一个动人的成长故事呀！👍👍送给优秀的你们！

2022年9月5日 13:05 删除

今天中午送别了7位毕业生新兵后，我便回到办公室，将2019级"兵哥哥"们的照片存入班级对应的文件夹里。

在整理图文素材的过程中，我发现了这张三年前同学们入学时的照片，一张富有青春气息的照片！打开仔细看着每一位学生的成长与变化，内心激动万分：这张照片里有3位同学在学期间加入了中国共产党，4位同学是入党积极分子；6位同学毕业即入伍，保家卫国；4位同学专升本，继续求学；其他同学都投身专业一线工作！或许是入学时的这一次红色寻访为他们埋下了梦想与奋斗的种子吧！兴奋之余，我也编辑了一条"朋友圈"，记录作为辅导员的幸福瞬间！

看着照片和三年前的"朋友圈"，我的思绪回到了2019年9月。那时的校园，充满了活力和青春气息。我带了3个新生班级，共90余人。恰逢中华人民共和国成立70周年，入学教育的最后一天刚好是烈士纪念日，在参加完学校统一的升旗仪式之后，我带领

带领2019级新生代表在中共一大会址纪念馆考察学习

一批新生代表前往"中共一大会址纪念馆"考察学习。这是他们第一次来到一大会址,近距离接受红色文化熏陶。借着这个机会,我勉励他们树立远大理想,努力实践,不断提升自己。转眼间,三年时光已过,同学们也已经奔赴自己理想中的港湾。祝福同学们! 希望你们继续奋发前行!

一位照片中同学的故事

小张同学,2022 届机械制造与自动化(航空维修)专业方向毕业生,入党积极分子,校"优秀毕业生"。毕业前已签约中国商飞上海飞机制造有限公司,入职飞机铆装钳工岗位。

毕业前,她寄语学弟学妹:"求职的道路荆棘丛生,从来都不是一帆风顺的,不要被挫折和困难绊倒,永远不要放弃,我们要越挫越勇。二工大赋予了我们很多优势资源,只要用心

ycj2011
继承先烈遗志! 不负时代重托!
随着优秀新生代表考察学习的结束,学院迎新及入学教育工作顺利结束!
七十周年之际,祝福新中国、祝福新时代、祝福新青年,加油👍

2019年9月30日 13:05 删除　　··

去把握,肯定能找到一份心仪的工作。"总结她的三年历程,就是一个不断"拒绝迷茫,坚定目标,明确方向,主动出击,努力调整心理落差,迅速适应工作岗位"的过程!

作为一名航空维修专业的学生,航天强国的梦想早已深埋于心。她很快就明确今后要从事飞机维修或者飞机制造方面的工作。三年的大学生活让她收获满满,然而,虽然拥有较完善的简历,也应聘了很多相关企业,但总是没有音讯。在了解到相关岗位一般不招女生的客观事实后,她一度非常失落。但是,机会总是留给有准备的人,在不断坚持与积累后,她终于在波音和中国商飞上海飞机制造有限公司的面试中获得了企业的认可,就业水到渠成。从学校到企业,因为环境转变,她成了车间唯一的女生,同时因为在实操培训过程中不顺利,零件加工精度不达标,再加上疫情防控带来的不便,以及繁忙的工作之余还要兼顾学校的课业等因素的影响,理想与现实之间的差距一下子变得更加

明显，让她产生了巨大的心理落差，压力陡增。但是她及时寻求支援，主动接受师傅的指导与同事们的帮助，也更好地做好了自己的时间管理，最终成功克服了困难。

　　这就是小张同学，一位勇敢、坚强、目标坚定的女孩！一位能够通过工作中的小进步不断激励自己，提升自信，调整心态，成就个人大进步的女孩！

2022年10月10日

领花不是花,却胜过世间千万花 *

ycj2011
前段时间我也收到同学从部队发来的暖心"三角戳",真是见字如面的亲切与感动😊

　义务兵免费的 → "戳"

2022年10月10日 09:44　　👤 删除　　···

今天是一个普通的日子,然而,对于2022届的7位毕业生来说却是人生中的重要时刻!因为今天,他们将走出校园,踏入军营,开启人生新的篇章!

一年又一年,每到此时,我都会挥着手,目视着校车缓缓驶出校园,消失在道路的尽头。我已经记不清这是第几次参加送兵,和孩子们告别了,但是这次"一根藤上七个娃"毕业即入伍,还是让我觉得尤其不一样,心里为他们感到自豪,同时也多了一份不舍与牵挂!我有幸能够完整地带他们三年,其间我们历经了太多美好的回忆,也经历了种种的考验!临行前,我召集大家进行"最后一谈",为他们加油并送上承载着辅导员深深祝福的党史、军史有关书籍。

小仇:

你好!入伍之际,分别之时,老师再次向你表示祝贺!带上这本党史故事书吧,它能给你更强大的力量!让我们一起努力践行"清澈的爱,只为中国"的铮铮誓言!祝福你身体健康,军旅生活顺利!

---

* 标题源自退役武警战士给辅导员信件的封面标语。日志实际于2022年9月5日晚完成。

随着今天最后七个娃的离校，至此，2019级的同学们全部离开校园，奔向远方，开启了新征程！能够见证他们将专业梦融入报效祖国的伟大事业中是作为辅导员的我最大的荣耀，祝福他们！

退伍兵给辅导员的一封信

今天，我还收到了即将退役的武警战士小况同志的来信！在2020年9月，他和另外两位学生一起开启了军旅生涯，成了一名光荣的武警战士！两年来，我们师生虽然相距千里，但是惺惺相惜，一路同行！小况同志在给我的信中还附了一枚金光闪闪的武警领花。这封信不仅是他两年军旅生涯的个人总结，更记载着他从一名普通的大学生成长为一名信念坚定、刚正不阿的武警战士的宝贵经历！

收到这封信后，我不仅激动万分，更是感慨万千！激动，是因为学生的成长与蜕变；感慨，是因为自己的工作能够带给学生帮助与鼓励，让我更加深切体会到自己工作的价值，认识到坚守学生工作一线，为同学们的成长搭建平台，是非常值得的！

忠诚无言，岁月有声

亲爱的超杰老师：

您好！

在这既是一段人生旅途结束，又是另一段人生旅途开始的时刻，我心情复杂地写下了此信。

回顾这两年的军旅生涯，仿佛一切就在昨天，军营里的各种辛酸苦辣历历在目。铁打的营盘流水的兵，730天的峥嵘军旅已然飞逝，忠诚无言，岁月有声，一身戎装记录着我从军路上的点点滴滴，一次次的突破与挑战，一次次的淬火与磨炼，流年辉映军营，光阴见证成长。军旅弹指一挥间，在努力过、欢笑过、拥有过之后，退役的这一天真正来临了。

回首军旅生活，青春岁月留下了太多回忆。感谢部队这个大舞台，让我从一个不谙世事的懵懂少年成长为一名合格的武警战士！很庆幸，青春有了迷彩的颜色，我将不忘初心，继续前行！面对即将分别的战友是不舍，面对即将离别的军营更是不舍！

那一年，我19岁，满怀欣喜来到上海，来到大学。也是在这个时候遇见了我可亲可敬可爱的辅导员超杰老师。尽管我在大一结束后参军入伍，但是那短短的一载寒暑，无论是喜悦还是不舍，所有经历于我都是礼物。所有相遇，于我都是宝藏。这一年里的所有或许做不到一生铭记，但绝对一生感恩。一朝沐杏雨，一生念师恩。在我这两年的军旅中，您一直以一种无形的方式陪伴着我！是您在入伍时赠我的《苦难辉煌》，让我在遇见挫折和疑惑时坚定信念，勇往直前，并永葆初心；是您在过年时给我留的明信片让我知道我并不孤单！有您在我身后一直支持我鼓励我，还有，您送给我的寄语就像父母的嘱咐一样温暖！真心地感谢您，我亲爱的超杰老师！有人等我凯旋的感觉真好，之前总感觉两年很长，殊不知弹指一挥间就来到了两年后，我将与您再次相逢在校园里，再次书写您与我之间的师生情，期待与您的见面。

武警天津战士向您报到！

祝：身体健康，万事顺意！

此致

敬礼

您的学生

2022年8月29日

小况的这封信深深地打动了我！我迫不及待地期待和他在校园共聚共叙，当面祝贺他光荣退伍，胜利归来！调整好心情之后，我也想起了其他"兵哥哥"，不禁翻阅起自己的"小记录"，一个个熟悉的名字映入眼帘！他们有的还在部队里努力练就过硬本领，保家卫国！有的考入了军校、士官学校并立志做一名职业军人！有的，随时可以出列，服务人民服务社会！当然，也有很多孩子退伍后继续求学实现梦想，并在各自领域继续成就非凡，建功立业！

"当兵后悔一阵子，不当兵后悔一辈子！"是啊，让青春闪耀在军营，共同铸就新时代钢铁长城，这群孩子们好样的！

2022年11月20日

足球还是那么好

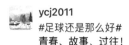

ycj2011
#足球还是那么好#
青春、故事、过往！

上海市·阿迪达斯(上海市第一百货商店C馆)
2022年11月20日 11:40　👤 删除　• •

今年，万众瞩目的卡塔尔世界杯终于开幕了！今天我特意来到这家店铺，就是为了留住一些四年一次的世界杯元素！不知道大家有没有这样的感觉：从2018年到现在，四年一届的世界杯虽然如期举办(因举办地的气候原因，确实晚了半年)，但是总感觉已经过了好久好久。这四年的等待有点漫长呀！

可能是因为三年疫情给我们带来了太多的变化，也可能是因为工作，我感觉自己不再有之前几届时和同学们一起狂欢的激情了，但是，足球始终是我关注的运动。我与足球的渊源始于2002年韩日世界杯。那是中国足球第一次踢入世界杯决赛圈的舞台，学校当时还早放半天让我们回家观看中国和哥斯达黎加的比赛，为中国队加油！当时的我哪里懂得其中的重要意义，但是老师的一句话让我印象深刻："是他们这个集体把《义勇军进行曲》奏响在了世界杯的舞台，能在国外为祖国升起国旗和奏响国歌是不容易的事情！他们值得我们学习！"这一句话，让我对国旗、国歌和国家有了进一步的理解，而不是原来那

上海南京东路的世界杯元素

样，觉得升国旗、奏国歌只是升旗仪式上的一套流程！从那以后，我也开始关注国内外各项足球赛事和各支队伍，2004年起的中超元年、欧洲五大联赛、南美桑巴足球及潘帕斯雄鹰等。

这就是足球带给我的青春故事。

2023 年 3 月 25 日

祝福我的第一位女兵学生军旅生涯顺利

　　好像已经好久没有静下心来做一些记录了。不过今天我必须好好留下些文字——因为我的第一位女兵学生今天正式前往军营啦！祝福勇敢的女孩，祝你军旅生涯一切顺利！

　　今天一大早，女生小饶的家长给我发来了孩子刚刚出发去军营的消息，并和我分享了小饶从小在

ycj2011
最美的样子，是齐耳短发！
最好的年华，有戎装在身！
是美丽的姑娘，更是光荣的中国军人！
祝福同学军旅新征程顺利、平安！

2023 年 3 月 25 日 10:24　删除

部队长大的故事和照片。虽然她在千里之外的江西九江，但是隔着屏幕我也能感受到家长对孩子能够"子承父业"的激动心情！

　　"向你们全家致敬，小饶是我这边走的第 45 个兵了，也是第一位女兵，我也非常激动！"

　　"谢谢老师，虽然她是从江西走的，但她是二工大的学子！希望她能为上海第二工业大学争荣争光。"

　　"是的！她一定会的！也祝福你们身体健康，万事如意！"

　　其实我又何尝不激动呢！静下心来，我回顾了该学生从提出要参军入伍，到今天终于圆梦军营的整个过程。看着她的入伍通知书照片，一时思绪

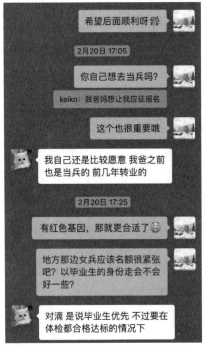

与首位女兵学生的对话

万千。小饶同学的走兵其实也很不容易，一直来去匆匆地处理征兵过程中的各种"突发"情况。特别是临近定兵时，地方武装部突然要求开具有关毕业生身份认定的证明，因为一些特殊要求一下子无法解决，可把小饶同学急坏了。我第一时间帮助她协调学院教务、学校教务等部门，好在最终顺利完成。后面她突然接到走兵的消息，因为时间原因，我们没有机会在学校话别，最后在她去火车站的地铁上相约短暂碰了面。

对于小饶同学，说来惭愧，我对她的印象并不深刻，其中有疫情等客观原因。受疫情影响，上一学期几乎没有好好线下集中过，所以校内我们深入交流的机会也不多，只偶尔通过几位班委了解到一些她的状况等信息。直到她返校办理征兵手续，我对她才慢慢熟悉起来。

"谢谢导员，我也很激动，我会在部队好好干的～"

小饶同学最后给我回了这样一句话。当时我正忙于将这个消息告诉班级同学们，所以没有及时回复她。但是，我对她的希望与祝福都写在3月17日告别时赠送给她的《习近平讲故事》里了：

最美的样子，是齐耳短发！
最好的年华，有戎装在身！
是美丽的姑娘，更是光荣的中国军人！

祝福小饶同学军旅新征程顺利、平安！

辅导员：杨超杰

2023 年 3 月 17 日

❀┈┈┈┈┈┈┈┈┈┈┈┈┈┈┈

转眼工作十年，送大学生征兵入伍也十年了。十年来我已经送了 45 位同学进入军营。打开自己先前汇总的"我的兵哥哥们"文件，发现同学们已经遍布五大战区，涵盖了解放军五大兵种及联勤保障部队、武警及原来的消防兵。他们中有的守卫在祖国的南海之滨，有的奋斗在西北雪域高原。如今"文件名"可能需要换了，我的兵哥兵姐们，加油呀！真心为同学们能够以实际行动助力强军事业而感到无比骄傲！

投笔从戎，无上光荣！祝福我的兵哥兵姐们！

附：

思政工作中的师生互动

2017 年 4 月 14 日

齐少瑜　　铭记抗战历史,弘扬抗战精神*
——参观四行仓库抗战纪念馆有感

2017 年 4 月 14 日下午 3 时,在学院党总支书记黄老师的带领下,我们全体党员前往四行仓库抗战纪念馆参观学习。

四行仓库是"八一三"淞沪会战的重要遗址,是一座位于苏州河西畔的混凝土建筑,伫立于繁华都市之中,却在静静地诉说着它曾经见证过的苦难。

参观之前,我们在仓库西面墙壁下合影。而西墙壁上,无数的弹孔触目惊心。作为一名退伍军人,我深知那枪炮痕迹的背后隐藏着的是惨烈而悲壮的战斗场景,一个个弹孔表达着中华儿女对日本法西斯的一声声怒吼,每一个弹孔都像一颗被战争深深地伤害后永远不可修复的心灵。广场上除了我们,还有许多休息散步的市民,我们一同沐浴在这春日的阳光里,享受着英魂们用生命换来的和平与美好。

走进展厅,首先映入眼帘的是谢晋元的巨幅《给妻子的家书》,"晋元决心殉国,誓不轻易撤退,亦不作片刻偷生之计,在晋元未死之前,必向倭寇索取相当代价。余一枪一弹,亦必与敌周旋到底",字迹清秀,饱含深情,表达了对妻子、家庭的深深歉意,更体现了甘愿为国捐躯、视死如归的英雄气概。随后,一幅幅历史照片,一件件烈士遗物,一个个杀敌场景,一段段影像资料,生动真实地展现了淞沪会战的历史全貌以及抗日将士反抗日军侵略的壮烈情景。

---

* 本文为 2017 届毕业生齐少瑜在一次党日活动后主动提交的学习体会。辅导员协助其对文章进行纠错、完善,并添加标题。

遥想当年,中国人民万众一心,众志成城,用鲜血和生命抗击日本侵略者,铸就了伟大的抗战精神。自小身处在和平年代的我其实总感觉战争离我们很远,虽然后来参军入伍,成了一名军人,但和平时期美好的生活让我体会不到民族所历经的水深火热。参观过程中亲眼看到的中国军人浴血奋战的场景激起了我胸中的热血,让我真实地感受到了日本侵略者给中国人民带来的巨大灾难和苦痛。作为生长在和平年代的青年党员,我们应该牢记抗战历史,弘扬抗战精神,为实现中华民族的伟大复兴作出自己的贡献。

抗日战争的胜利,结束了近代中国在外敌入侵时屡战屡败的历史,更是中国人民一百多年来第一次取得完全胜利的民族解放战争。忘记历史就意味着背叛,我们青年要全面了解战争的历史背景、主要过程、巨大代价和重大意义,永远牢记革命先烈为抵抗日本侵略者作出的历史功绩。我们要知史爱国,崇尚英雄。伟大的抗战精神是中华民族精神在抗日战争时期的集中体现,是中国抗日军民留下的宝贵精神财富。青年一代要借助抗战精神来更好地加强党性修养,树立正确的世界观、人生观和价值观,培养天下兴亡、匹夫有责的爱国情怀,视死如归、宁死不屈的民族气节,不畏强暴、血战到底的顽强品质。

在当前社会背景下,人们对物质生活的追求日益提高,却越来越忽视精神层面的追求。越是如此,我们党员同志越要积极作为,自觉弘扬抗战精神,把老一辈革命家的宝贵精神传承好,把时代责任担当好。在继承先辈优良传统中把握正确的前进方向,不断提高自身思想觉悟,并积极转化为实践,把抗战精神融入日常工作,加强学习,提高本领,忠实履行职责,发挥模范带头作用,最大程度地影响和带动身边群众,以点带面,共同进步,为实现中华民族的伟大复兴贡献自己的力量。

时间的车轮不经意间碾过了七十多年,却终究没能抚平四行仓库西墙壁上的累累伤痕,更抚平不了遗留在我们每个中华儿女内心深处的伤疤。四行仓库西墙壁上的伤疤,将使我们永远铭记那些为国捐躯的民族英雄,永远珍惜英烈们用生命换来的幸福生活,永远拼命地去努力,为实现中华民族伟大复兴的中国梦而奋斗!

辅导员点评

　　一段精彩的青春经历,换得终身受益的经验!少瑜同志是我接触到的第一位退伍军人党员,他的事迹一直是我在学生国防教育和征兵工作中的重要素材来源。他身上所体现的"退伍不褪色"的优良品质更是让我对他充满了敬佩。在部队这个"大熔炉"中历练之后,"听党指挥、能打胜仗、作风优良"的品质已经深入其内心,作为一名军人,能够看出少瑜同志对革命先烈,对党史、军史有深刻的认识与思考。

学生简介

　　齐少瑜,男,中共党员,上海第二工业大学高等职业技术(国际)学院14机电01班学生。校第四次党代会代表、校第十一次团代会代表。2012年9月入校,同年12月从学校应征入伍,服役于武警上海市总队。服役期间加入中国共产党,先后获得支队嘉奖、总队"优秀哨兵"嘉奖等荣誉。2014年12月退伍复学。先后荣获"亚信"峰会先进执勤个人、2015年国际滑联短道速滑世界杯上海站优秀志愿者等荣誉。

2019 年 6 月 4 日

霍培阳 **从黄土地里走出来的人民领袖**

——读《习近平的七年知青岁月》有感*

"青年价值观的养成就像穿衣服扣扣子一样，如果第一粒扣子扣错了，剩余的扣子都会扣错。人生的扣子从一开始就要扣好。"这是 2014 年 5 月 4 日，习近平总书记在北京大学考察时所发表讲话中的内容，而习近平同志人生的第一粒扣子就是发生在这里——陕北延川。

下乡插队的过程

15 岁，一个我们还在父母庇护下成长的年纪，习近平同志却站在了办理下乡插队手续的队伍中，即将开始他的知青岁月。在八一校革委会办事组办事处，负责人齐荣先老师看到这位还不到插队年龄的班级好学生时非常吃惊。齐老师告诉习近平同志，他再等一年就有可能留在北京当工人，但习近平同志并没有接受齐老师的意见，毅然决然地离开了北京。谁都明白，留在北京的话，生活远比去穷困偏僻的陕北地区要好得多。但那一天，习近平同志在姐姐不舍的凝视下踏上了知青专列。这一去，就是七年。

知青们历经漫长的路程来到了延川县文安公社。村民们拿出过年才舍得吃的猪肉粉条和洋芋来招待他们。饭后，习近平同志被分配到了梁家河大队。在这里，习近平同志扣上了人生的第一粒扣子。

---

* 本文为 2020 届毕业生霍培阳在上海第二工业大学高等职业技术（国际）学院 2019 年"读名人故事，讲伟人故事"读书节活动中的学习分享发言稿，辅导员协助指导、修改并定稿。

知青生活的艰苦

在这里的几年中,知青们渡过了"跳蚤关""饮食关""劳动关"和"思想关"四大难关。跳蚤在他们全身咬出奇痒无比、又红又大的肿包,一挠就会破,严重的还会感染流脓;他们吃的都是粗粮,缺少蔬菜和油,因此喉咙常常"燥得冒烟";劳动过程异常艰辛,一个强壮劳力一天的工分是十分,而他们一开始一天只能拿到五六分,比一个女子还要少;最难过的还是肉体之外思想上的痛苦。

精神思想的蜕变

由于环境恶劣,知青们一开始观念不够长远,干活也很随意,人们对他们的印象并不太好。习近平同志受父亲冤案的影响,还受到了很多不友好的关注。好在陕北人民认可他,为他解决了不少无端的非议和风波。在这里,很多事情别人是从零开始,而习近平同志要从负数开始。在知青岁月里,习近平同志在家族的影响,齐云阿姨的教诲,赵延壁书记的鼓励,以及陕北人民的包容下慢慢地放下了思想包袱,全身心投入为群众奉献的工作中。之后的日子里,习近平同志敞开心怀向革命前辈祭奠鞠躬,包容喜欢惹事的"灵娃",用自己的玉米团子换老乡的糠团子,向习老的警卫员倾其所有……即使自己身处困境,也对群众和党员付出全部的真情实感,展现出那个年纪少有的吃苦和奉献精神。之后的他自称"普通农民",完全地融入群众中去了,即使放弃上大学的机会也要为百姓做实事、做好事。他说:"我到梁家河毕竟好多年了,老乡对我不错,我不能就这么走了,得帮老百姓做点事儿。"这是何等的情怀和奉献!就这样,他在这片黄土地上奋斗了七年。

习近平总书记用自己的青春,用自己的奋斗为我们年轻一代树立了一面榜样的旗帜。看完习近平的知青岁月故事,作为新时代大学生的我深有感触。

沐浴在改革开放的阳光下,我们在较好的生活条件下健康成长,并没有经历太多像习近平总书记那样的艰苦岁月。然而,我深知,美好的生活环境是无数革命先烈用生命换来的,我们必须倍加珍惜。作为一名新时代的入党积极分子、学生干部,我深知自身肩负着的责任和义务,我将以实际行动认真完成本职工作，不断学习提高，以热心、真心、爱心协助师生完成班级建设工作。过去一年，在辅导员的带领下，在我们几位班委以及全班同学的共同努力下，17 机制 01 班非常荣幸地获得了 2018 年"上海市五四红旗团支部"荣誉称号。我们每一位成员都在实践中实现了成长。在接下来的大学时光里，我将以此成绩为契机，进一步拓展班级建设的新思路，继续在实践中提高班集体的凝聚力，进一步提升班级各方面的成绩。作为个人，一名机械专业的学生，我深知自身还有许多不足的地方，如学业还有进一步提升的空间，还需要进一步仰望星空，脚踏实地等。我将抓住学校、学院为我们搭建的平台，抓住机遇，刻苦努力学习，积极工作，服务同学，不断在挫折中成长，不断在实践中进步，不断在党组织的指导下坚定共产主义理想信念，奋斗自己的青春。我将以习近平同志为榜样，以学校劳模为榜样，践行工匠精神。

最后以一句话结束今天的分享：只有同时代共前进，青春才能昂扬，只有同时代共奋斗，青春才能无悔！加油吧，青年伙伴们。

辅导员点评

霍培阳同学自从大一被同学们推举为班长以来，一直积极服务同学，组织开展各项活动。他始终保持着积极向上心态，时时以高标准要求自己。通过丰富的实践和努力，他在各个方面都有了很大的进步。写这篇文章时，霍培阳同志是一名入党积极分子，但是我从他的文章中看出他学习该书籍的用心！希望培阳同志继续努力，争取早日加入中国共产党，并像习近平总书记那样深入人民，服务人民，在这个幸福美好的新时代，为祖国发展贡献自己的青春力量！

学生简介

霍培阳，男，中共党员，上海第二工业大学高等职业技术（国际）学院 17 机制 01 班学生，班长。在学期间，通过不断学习与实践，德智体美劳全面发展。曾任学院学生会体育部干事、滨江森林公园志愿者负责人。多次代表学校参加市内外各项花绳类体育比赛并取得优异成绩，为学校争得了荣誉。作为班长，积极完成班级各项工作，带领同学参加校内外各类活动，加强班级文化建设，提高班级凝聚力，帮助班级获得"上海市五四红旗团支部"的荣誉称号。2020年毕业后参军入伍，同时也是高等职业技术（国际）学院第一位参军入伍的毕业生党员，目前已考取武警士官学校，将来立志成为一名职业军人！

2020 年 9 月 28 日

徐增产　努力实践"厚生、厚德、厚技"的校训 *

　　时间如白驹过隙，转眼间我已经从母校毕业六年了。六年的时间里，我从一个初入职场的"小白"成长为一个被评为冷轧厂优秀员工的劳动者。除了一步一个脚印的努力，我觉得最要感谢的是母校对我的培养。

　　六年的时间说长不长，但也不短。我依然清晰地记得从学校到宝钢实习时的陌生感，冷冰冰的大型机器、陌生的师傅和同事，这一切都与丰富多彩的校园生活形成了巨大的反差，导致我感到很不适应。通过半年的实习，我慢慢融入了这样的职业生活。实习的这段时间里，有件事我一直记忆犹新。刚进机组学习的时候，每个实习生都会安排一个带教师傅，我跟师傅学习的第一天，师傅就跟我聊了很多。我问师傅怎么才能在宝钢发展得更好，师傅语重心长地说，想在宝钢发展得好需要做好两个方面，第一，以德服人。在班组工作和生活离不了人与人的相处，做事先做人，只有先做好自己，才能和周围的同事相处得更融洽，只有和周围的人打成一片，才能从老师傅那儿学到真东西。第二，以技服人。在宝钢，如果你想在别人那儿赢得尊重和重视，那你一定要有拿得出手的技术，没有技术，啥都不懂，那你说的话在别人心里就没有任何分量。这段话自那之后就深深地刻在了我心里。当时我就想到了我们的校训：厚生、厚德、厚技！厚德和厚技才是一个职业的安身立命之本。

　　从此之后，我努力做好自己的同时也认真学习岗位操作技术，为了提高自己的操作熟练度，我把按钮的位置画在纸上用业余时间反复练习。用心

＊　本文为 2015 届毕业生徐增产在 60 周年校庆征文活动中提交的作品，辅导员协助其对文章进行纠错、完善。

的学习换来了快速的成长,不到一年的时间,我就能胜任操作机组的各个岗位了,同期实习生里,我最早实现了全岗通。我因为自己的努力工作得到了领导的认可和培养,也有了很多收获:2017年兼职分厂团支部书记工作,2018年荣获宝山股份有限公司优秀共青团干部,2019年被提拔为班组长,2020年被评为冷轧厂"优秀员工"。

在献礼建党百年的时刻,我将牢记母校的培育和嘱托,秉持"厚生、厚德、厚技"的校训,传承劳模精神,争做大国工匠,不忘初心,砥砺前行!

辅导员点评

看完增产的文章,让我回想起他当初被宝钢录用的场景:不仅仅因为他的名字很特别,更因为他在面试现场主动协助企业,给人留下了深刻印象。他用心组织班级同学面试,维持秩序,主动督促同学到现场参加面试……让宣讲和面试环节顺利完成,展现出了优秀的组织管理能力和深厚的群众基础。这一系列优秀的品质都被企业HR尽收眼底!还未落实工作的增产就这样自然地获得了能让他实践专业所学并扎根上海的心仪工作。很欣慰,学生能够扎根在平凡的工作,并在传承母校校训及劳模精神,争做大国工匠的路上努力实践前行!有增产的地方,肯定能"增产"!

学生简介

徐增产,男,共青团员,上海第二工业大学高等职业技术(国际)学院12机电02班学生,班长。毕业后任职于宝山钢铁集团有限公司。现任冷轧厂三冷轧分厂彩涂1#线甲班班长,兼任三冷轧分厂团支部书记。荣获宝钢股份冷轧厂涂镀三分厂"青年成长之星"荣誉称号、宝钢股份有限公司优秀共青团干部,带领所在团支部荣获股份公司红旗团支部。

2020 年 9 月 28 日

施康乐　我在二工大的七年青春岁月*

从时间线上算，我在二工大学习生活了七年。她曾经一度是我想离开的地方，后来变成我一有机会就会去的地方，现在成了我魂牵梦萦的地方。

回想七年前，我高考失利，怀着失落的心情来到了二工大，冲着专升本的目标不断努力。入学不久后，我于 2013 年 11 月 26 日递交了入党申请书，其间前前后后六年，一直在接受组织考验。现实中，我也不断实践，竞选班长、参加学生会、报名各类志愿者……也是在这一堆纷繁复杂的事情中，我迷失了自我。因为没有平衡好学习和活动，我的成绩一直在及格边缘徘徊，甚至挂过科，这让我一度对自己产生了怀疑。

后来，我选择参军，实现了自己儿时的梦，如愿穿上了梦寐以求的军装。在参军的两年时间里，我学会了军事技能，锻炼了身体，收获了战友情，更重要的是沉淀了自己，知道了自己想要什么，不想要什么。退伍后，我回到学校，回到了梦开始的地方。那时，我时常漫步在校园中，感受这无比熟悉但又有点陌生的二工大。辅导员、老师还有新同学都给予了我莫大的帮助，让我很快找回了以前的感觉。因为学校教学改革，原专业被撤销，我原学分很难转换，也对我毕业产生了一定影响。学院老师和辅导员知道后，带着我去了解学校政策，一遍遍与相关科室老师沟通，最终成功帮我转换了部分学分，使我得以继续学业。回想起来，我真的很感恩两年军旅生活带给我的历练，使我借此培养了不断坚持与奋斗的坚韧精神力。"听党指挥、能打胜仗、作风优良"成为我行动的指导方针，让我无论是在部队还是退伍回来，始终

---

* 本文为 2016 届毕业生施康乐在 60 周年校庆征文活动中提交的作品，辅导员协助其对文章进行纠错、完善。

保持着坚定的信心,并不断克服自身不足,努力进取。于是我实现了一个个梦想——专升本、考过大学英语四级、考上研究生……

一直以来,我积极向党组织靠拢,接受组织的教育与培养,最终于2019年12月5日被批准加入。前后历时六年。看着自己厚厚的入党材料,越发感到神圣和光荣,令我倍感珍惜。都说要"用党员的标准严格要求自己",为了维护高标准的自我要求,我始终坚守自己的梦想,并通过实际行动来追逐它。

六十载薪火相传,一甲子弦歌不辍。母校60年的砥砺奋进,变的是综合办学实力,不变的是办学初衷,"厚生、厚德、厚技"必将永记我心。

百年征程波澜壮阔,百年初心历久弥坚。在我们党的百年征程中,变的是组织建设、党员数量,不变的是初心使命。"全心全意为人民服务"早已经刻在心底。

昨日,我是二工大的"小子";今朝,我是新时代研究生;明天,我誓拿出优异成绩回报母校。我很荣幸能够来到二工大,也很荣幸能够在二工大加入中国共产党。我如今的发展离不开党和母校的关怀,在之后的人生道路上,我将永记母校的教诲,牢记党的宗旨,为祖国和人民的利益不断拼搏奋斗。

辅导员点评

看到这个标题"我在二工大的七年青春岁月",自然能够联想到《习近平的七年知青岁月》这本书。回想康乐同学在二工大学习的七年时光,有太多励志前行的故事了!历经六年的漫漫入党道路在我看来是他大学里,甚至可能是整个人生中最具分量的一页!有梦想并坚持梦想的他,真了不起!

学生简介

施康乐,男,中共党员,上海第二工业大学高等职业技术(国际)学院13机制01班学生,班长。专科学习期间,投笔从戎,服役于武警上海市边防总队，荣获"优秀士兵"，总队"优秀五四青年"等荣誉。退伍复学后继续完成学业并成功专升本至本校。本科期间，通过自身努力成功通过大学英语四级考试，实现大学期间最重要的目标，目前就读于浙江工商大学社会工作专业，是一名研究生。

2020 年 9 月 28 日

胡洋洋　学生视野中的二工大发展史*

六十载筚路蓝缕，沧桑砥砺；一甲子薪火相传，春华秋实。

今天是二工大 60 周岁的生日，作为二工大的学子，我们有理由为她流光溢彩的漫漫征程而骄傲，为她经历的 60 年风雨而感动，为她一路走来的铿锵坚定歌唱。60 是梦想的起航点，瑰丽的理想从这里开始乘风破浪。今天，我想向大家分享我们青年学生视野中的二工大发展史。

1960 年 4 月 29 日，上海市人民委员会第十六次会议决定成立上海市业余工业大学；1965 年，其更名为上海市半工半读工业大学，树立起"半工半读的一面红旗"；1972 年 12 月 5 日，经市委批准恢复"上海市业余工业大学"的校名；1984 年 7 月 25 日，经市人民政府决议更名为上海第二工业大学，成为成人教育战线上的排头兵；2001 年 11 月 20 日，经上海市人民政府批准，与上海东沪职业技术学院合并，组建成新的"上海第二工业大学"。2003 年，由上海市人民政府批准为全日制普通本科高等学校，成为一所以工科为主、经管文理多学科协调发展的本科院校。60 年来，二工大从成人教育起步，先后经历了转制为全日制高职院校、升格为普通本科高校、"服务国家特殊需求人才培养项目"专业学位研究生培养等发展阶段，现已成为硕士学位授予单位，走出了一条应用技术型高校的特色发展之路。60 是我今天想和大家分享的第一组数字。

我想和大家分享的第二组数字是 18 与 6。对于这组数字，或许大家很难联想到什么，现在就让我和大家细细分享这组数字背后的故事。在这个

---

* 本文为学生胡洋洋在"'史'命传承六十载，初心不改谱华章"校庆六十周年活动中的宣讲发言稿，辅导员协助其修改并定稿。

暑假，我带领学生会的部分成员们建立了"'史'命传承六十载，初心不改谱华章"的暑期社会实践团。我们团队以寻迹二工大旧址和学习"四史"的发展为目的，采取了线上线下相结合的方式开展活动。我们开展了线上学习分享会，了解校史及"四史"发展的时间线，在这一过程中不断深化"四史"学习教育，以切身行动迎接建校 60 周年。我们用相机定格了现在的二工大校区，将这些画面与封尘收藏的老照片进行对比，通过这样的方式让更多二工大的学子们了解到我们学校发展路上的变化与不易。

18 这个数字指的是 18 个校区。我们在开展社会实践的过程中，通过线上资料收集、校史资料查询以及学习《岁月传真》一书之后发现，二工大发展至今曾开办了 18 个校区，包括浦东杨思校区、普陀区分校、杨浦区分校、黄浦区分校、虹口区分校、静安区分校、南市区分校等以及现在我们正在使用的金海路校区。当我们收集到这些校区的资料和老照片时，每位成员都不禁感慨时间流逝之快，学校变化之大。

但在我们的线下走访中，很遗憾我们只找到了包括现在金海路校区在内的 6 个校区，其中，普陀校区、杨浦校区和徐汇校区作为继续教育学院仍然在使用，静安校区现为七立方（静安）科技园及发展基金会，宝山校区现为七立方科技园，为更多的企事业单位提供办公的平台和区域。

我们社会实践团的青年学生们也将从前老校区的照片与我们现在收集和拍摄下来的照片进行了对比。在走访的过程中，当我们走进教室的那一刻，空气中弥漫的霉味和墙上斑驳的印记仿佛把我们带回了旧时的二工大，教室的角落里甚至还放着我们小时候才会看到的旧物。走访完二工大旧址之后我们都在感慨，二工大 60 年的风雨铸就了今日的二工大。我们有幸成为二工大人，在如今开阔优美的环境、先进的教育设施里学习生活是一件多么幸福的事！这也更加坚定了我们要牢记校史、努力传承好二工大精神、谨记二工大"厚生、厚德、厚技"的校训，不畏艰辛、努力奋斗的决心。

最后想和大家分享的是一个数学符号，∞（infinite），是无穷尽的意思。学习奋斗是终生的事情，努力成为党的人也是终生的事情，是一件无止境的任务和目标。在后期采访郑楚荣老师时，我们意识到，学习"四史"，能够感悟历史，强化责任；青年入党，则能够提高责任感。让我们创造更多的机会践行自己的理想,让入党成为终身追求! 传承校庆60周年精神,学习党和国家发展历史就是要努力成为党的人!

"求实谱写华章,奋斗实现梦想,创造新的辉煌!"这是我们二工大60周年校庆歌曲《心中的光》里的最后一句歌词,六十年弹指一挥间,凭着对教育事业的执着与坚定,学校在艰苦的环境中创新创业,不断改善升级办学条件,不断充实师资力量,引导莘莘学子不断成长。六十载栉风沐雨,风雨兼程;六十载传薪开拓,砥砺奋进! 最后再一次祝福我们二工大60岁生日快乐! 祝福各位老师、校友们工作顺利,身体健康! 我们青年学生们将会用奋斗的脚步创造新的甲子辉煌!

辅导员点评

从文中可以感受到胡洋洋同学对学校的深厚情感! 她带领团队通过暑期社会实践的形式探寻学校旧址,研究学校的历史,这非常有意义。这篇文章在表达对学校祝福的同时也激励着洋洋同学自身终生奋斗学习! 作为学院辅导员,我希望胡洋洋同学继续发挥榜样作用,继续团结在党团组织周围,努力成为党的人!

学生简介

胡洋洋,女,共青团员,上海第二工业大学高等职业技术(国际)学院18会展01学生,团支部书记。在学期间曾任学院第六届学生会主席,获国家奖学金,并带领所在团支部荣获"上海市选树基层团组织典型"等多项集体荣誉。协助学院举办"'七彩云南'知识种子孵化活动"、超凡CE职场挑战赛。协助学校承办"'劳模心·劳动美·中国梦''5+1'"劳动教育活动月等多项活动。毕业后升学至上海理工大学,继续攻读本科学历。

2021 年 4 月 21 日

侯代祥　弘扬航天精神，展望星辰大海[*]

尊敬的各位领导、老师，亲爱的同学们：

大家好！我是来自高职学院 19 机制 02 班的侯代祥。我向大家分享的主题是"弘扬航天精神，展望星辰大海"。

"天高地迥，觉宇宙之无穷"。2003 年 10 月 15 日，航天英雄杨利伟乘坐"神舟五号"飞船飞向太空，发出了震撼世界的最强音："为了全人类的和平与进步，中国人来到了太空。"中国载人航天事业由此揭开了新篇章。接下来，让我们跟随祖国的神舟飞船，一起感受每一位航天人的奋斗征程。

本次分享从航天梦、中国梦和专业梦三条主线展开，展示在党的领导下，航天人为全面建成社会主义现代化强国所做的贡献。

第一部分："神舟"飞船遨苍穹，伟大精神贯长虹！

从荒凉戈壁到浩瀚星空，经过一代又一代航天人的不断努力，我国航天战线形成了特别能吃苦、特别能战斗、特别能攻关、特别能奉献的伟大航天精神！

第二部分：探索浩瀚宇宙，可上九天揽月！

1970 年 4 月 24 日，中国第一颗人造地球卫星东方红一号发射成功，《东方红》乐曲响彻全球，宣告中国从此进入航天时代。历数中国 50 年来的航天征程，从"两弹一星"到"载人航天"，从"北斗组网"到"嫦娥探月"，探索宇宙的每一次成功实施，都是我们迈向"飞天揽月"之梦的坚定步伐。

宇宙浩瀚无比，探索永无止境。我们的航天工作者为推动世界航天事

* 本文为学生侯代祥在上海第二工业大学高等职业技术（国际）学院 2021 年"读史正当时，青春正奋斗"读书节活动中的学习分享发言稿，辅导员协助其修正并定稿。

业的发展贡献了难以估量的中国智慧、中国方案、中国力量!

第三部分:壮志凌云中国梦,艰苦奋斗华夏情!

百年大党,历久弥坚!在党的领导下,中国人民实现了由站起来、富起来到强起来的伟大飞跃!我们的国家——中华人民共和国,我们使用的货币——人民币,我们的检察院——中国人民检察院,在这样一个处处以人民命名、人民当家作主的国家,能够为我们的国家、为我们的社会、为我们的人民尽自己的最大努力作出贡献是我的毕生追求,党凝聚着我们的信念,所以我们要以实际行动争取早日入党!

我的专业是机械制造与自动化(航空维修),在建设航天强国的号召下,我们更应该把专业所学应用于实践之中,将专业梦融入航天梦,同时结合二工大厚生、厚德、厚技的劳模梦,想,要壮志凌云!干,要脚踏实地!通过将载人航天精神投入实践与学习,使自己不断前进、不断成长。

习近平总书记曾说:"探索浩瀚宇宙,发展航天事业,建设航天强国,是我们不懈追求的航天梦。"在建党 100 周年之际,我们更要坚定信仰、坚守初心、坚毅前行,向星辰大海的最深处全力进发,为建设航天强国贡献力量!

我的演讲完毕,请各位老师批评指正,提出宝贵建议,谢谢大家!

辅导员点评

"想,要壮志凌云!干,要脚踏实地!"这句话曾在侯代祥同学的多篇文字材料里出现,最早应该是在他作为学院党校学员代表发言的稿子中,令人印象深刻!这也从侧面反映出这句话对他的影响之大。入学近两年来,侯代祥同学在党组织的带领下积极进取,思想上不断成熟!他心怀感恩,砥砺前行,能够结合专业所学,围绕专业梦、航天梦和中国梦开展人生规划,并能为国家脱贫攻坚的伟大事业贡献绵薄之力,这就很让人敬佩和感动。

学生简介

侯代祥，男，中共党员，上海第二工业大学高等职业技术（国际）学院19机制02班学生。连续两年荣获国家励志奖学金、校一等奖学金。课余积极活跃在校内外各类实践活动中，并荣获上海市"我为资助代言"十佳资助宣传大使二等奖等3项市级荣誉。

侯代祥同学坚持学习劳模文化，不断提高专业素养。在浓厚的劳模文化氛围中，不断提高自己的思想觉悟，努力争做祖国航空事业的一个小小螺丝钉。他录制党史学习教育视频《弘扬航天精神，展望星辰大海》，"四史"学习教育主题微团课"明天你也会是劳模"，并获上海市共青团"四史"学习微团课大赛三等奖。

他积极宣讲国家资助政策，传播正能量。先后参加"国家资助宣传大使""感党恩、念党情——我的故事给党听"等市级和校级各类资助征文活动宣传国家资助政策，为国家脱贫攻坚事业贡献自己的力量。

他坚持参加公益志愿实践，反哺社会。先后参加社区疫情防控志愿者、带领"新生看上海"、上海市高校反邪教宣传志愿者等20余项志愿活动，累计服务时长达到500多小时。先后荣获校"优秀青年志愿者"等10余项荣誉。

毕业后，侯代祥同学升学至上海第二工业大学，继续攻读本科学历。

2022 年 7 月 24 日

郭翀宇　给学弟、学妹们的一封信*

在看信的同学：

展信佳！我叫郭翀宇，是 19 机制 02 班的一名学生，如今已经通过专升本考试，考上了上海政法学院。

超杰老师希望我写写这几年大学生活的收获、升学的心路历程和对未来的畅想，于是我想，写一封信吧，或许可以给学弟学妹们一些参考、帮助。

我想分三部分和你们分享：我的收获、我的心路历程、我对未来的畅想。

我的收获

首先我想谈一谈我的收获。大学期间我参加了不少活动，辩论队、学生会，主持人大赛等，我都去过，也取得了一些成绩，但这些活动带来的收获是有限的，更多的收获还是来自课堂和自学。

我在大学里没有荒废阅读的习惯。我的应用文写作老师曾在第一节课上告诉我们："同学们，什么是大学？大而并包，无所不学，是为大学。"在大学里，我也荒废了一些岁月。起初，我在这种高自由度的环境里完全放弃了对自己的约束。这时候就很感谢杨老师，他总是适时地出现，给我帮助和提醒，唤醒我，让我不再颓唐。我阅读的书目是很杂乱的，历史、哲学、经济、法学、文学、物理等，都有涉猎。我属于看得很杂，什么都不精，什么都知道点的类型，这是我的习惯，各位不必学我，其实还是学精一门更好。但最重要的是，不要放弃对知识的渴求，不要沦为电子产品的奴隶。

---

* 本文为 2022 届毕业生郭翀宇在成功通过跨专业专升本考试之后给辅导员及学弟学妹们的一封信。经其同意，收入本书。

除此以外，课堂学习也非常重要，不要妄自菲薄觉得课堂里学不到什么。许多同学会觉得："我们不过是专科，能学到啥，混混拉倒了。"然而事实并非如此，课堂上可以学到不少实打实的新知识，比如我专业课中的空气动力学、液压与气动、材料力学等课程，就让我获益匪浅。

除了知识以外，大学期间在学校的培养和引导下，我的思想政治素养也得到了提升。作为新时代大学生，我们很容易在这个信息发达的时代被不良思想裹挟、蛊惑、异化，爱党爱国，是我们每一个人都应该秉持的底线，是我们作为共和国公民应有的素养。不是说要有多高的政治觉悟才可以表达对国家对党的热爱，每一个普通人都可以表达。不要被"奶头乐"涮空了思想，要保持理智，保持思考，更要坚定信仰。

我的心路历程

接下来我想和大家分享一下我的心路历程，其中也包含了一些给学弟学妹们的建议。

最初考上专科的时候，我非常不甘心。我想其实绝大多数考上大专的同学都会想要专升本，我也不例外。但是大一时候的我，还是停留在喊喊口号的阶段，直到后来出去做了兼职，开始自己记账留意生活花销后，我开始意识到赚钱的不易。想在社会上立足还是需要一定的学历作为敲门砖或者掌握过硬的技术的，如果没有一技之长，很难将梦想化为现实。于是我开始留意专升本学校，上海哪些学校招收专升本并不难查。综合各家以后，我有了三个选择：本校、华政（华东政法大学）、上政（上海政法学院）。考虑本校自然是因为熟悉，也有对口的专业，但我的理科其实并不好，另外，我感兴趣的是法学。就法学而言，华政难度太高，所以我放弃了，上政是一个需要搏一搏的选择，但对我来说不是完全没可能，所以我决定试一试。我没有和任何人说我选择了这个学校，只是开始收集资料，找辅导机构，默默开始准备。

后来其实在英语四级考试上耽误了一些时间，所以英语四六级各位还是能早过一定早点过，超杰老师期间也几次提醒督促我抓紧，给了我很大的帮助。我是最后一次时才通过四级的，大家可不要学我。

备考上政的时间其实有一年多，但是中间因为四级被打断，所以连续的准备时间其实是六个月左右。我曾经试探性地和朋友说过想考法学，朋友们无一例外地觉得我好高骛远，劝我放弃，周围也有朋友学有余力但不想努力直接选择一些不用拼搏的学校"躺平"。但是，我憋了一口气，决心证明给人看我可以，无论如何我都要抓住这一次逆天改命的机会——中考高考我都错过了，这一次不想再错过。最后三个月里我患上了失眠，记得有一次晚上 12 点多上床睡觉，睁着眼睛一宿到凌晨 5 点天微微亮了还没睡着。我崩溃了，站起身看着日出，我问自己："要哭吗？哭不出吗？那快背书吧，别浪费时间。"就这样，我不允许自己浪费时间，要哭就痛快哭，不哭就赶紧背。娱乐更是完全没有，从 3 月 2 日开始到考试当天的 109 天里，我几乎没有出过门。现在说来云淡风轻，但那段岁月有多不好熬只有我自己知道。所幸还是考上了，拿到通知书的那一刻，我如释重负。

所以我想说，专升本不容易，是需要付出努力的，尤其是跨专业。但是我这么告诉自己：只要有一个人考上过，就说明这条路走得通，区别只是我够不够拼命。

"荣耀的背后刻着一道孤独。"

脚踏实地地努力，坚定地走自己的路，千万不要装样子，没有任何意义。

我对未来的畅想

再过一个月就要去新学校报到了，如果大家问我未来的计划，首先是英语六级和法考。至于以后是考研还是考公，我还有一些纠结，可能还需要开学上了专业课有了一定的了解以后再评断。

如果再往后的话，其实我也很现实，想买房想买车，以及时时刻刻做一个堂堂正正的人，并成为一个"不使人间造孽钱"的人。

如果能够学有所成，我想做一些普法教育，这一点我觉得还是挺重要的。大家的法律意识在加强，但是有时候有些人的想法太激进，对法律抱有不切实际的期待。我认为这样不好，应该实事求是地认识法律。

其实我就是一个普通人，超杰老师让我写这篇小文我也是诚惶诚恐，觉得自己何德何能。然而在那段迷茫的岁月里，我很期待有一个人可以给我一些鼓舞，或者至少是一些方向，故而我还是写下了这封信。希望同你分享作为普通人的我在这一段人生岁月里的一些感悟，期待可以给你一些帮助或者参考。但每个人的发展之路都不一样，你也一定会走出自己的人生之路，升本不是唯一的答案，参军报国也是答案，认真工作也是答案，所以我祝你完成你的理想，达成你的目标，祝你身体健康，少熬夜哦。

"我希望你能驻足于这个令你感到惊喜的世界，体会你从未有过的情感，我希望你能遇见一些想法不同的人，我希望你能为自己的人生感到骄傲。如果你发现自己还没有做到，我希望你能有勇气，重新启程。"

郭翀宇

2022 年 7 月 24 日于家中书桌前

辅导员点评

非常高兴小郭同学能够给学弟、学妹们写这封信！字里行间，体现了实现梦想过程的艰辛和美好！我们都是平凡的一分子，唯有靠自己努力学、做、行，才能成就自己。虽然进入了新的专业领域，但老师希望你可以尽情遨游，肯定会有大风大浪，但一定要勇敢面对，并勇立潮头，加油！

学生简介

郭翀宇，男，共青团员，入党积极分子，上海第二工业大学高等职业技术(国际)学院 19 机制 02 班学生，团支部书记。在学期间荣获校"军训优秀学员"、校三等奖学金、校"优秀共青团干部"、第十届校主持人大赛最佳人气奖、第十届校主持人大赛亚军等荣誉。毕业后升学至上海政法学院法学专业，继续本科阶段学习。

2022年8月3日

李志强　正确选择＋努力奋斗＝成功 *

杨老师：

您好！

这次专升本跨专业考试，我成功考上了上海师范大学，即将成为其天华学院英语专业的一名学生。这是我自己喜欢的专业。不得不说时间真的过得很快，这几年的学校生活，我也是很有感慨，所以想在此浅浅记录一下。

这三年里，我感触很多，有过欢喜，也有过难过和忧愁，不过最重要的是我成长了许多。还记得大一刚入校的时候，还在军训期间，我就有过退学复读的念头，后来在您的劝说下，我还是选择留了下来，打算后面参加专升本考试。您说得很有道理，复读是一种机会，但是也要考虑到一定的风险，同时复读还会面临很大的心理压力。总之我觉得，作为成年人，做任何选择都要考虑和承担相应的后果，应该三思而后行，没有什么后不后悔！

先聊一聊我为什么在专升本时选择跨专业考英语吧。大学三年期间，除了通识课，我专业课"挂"了好多门，估计得有六七门了，所以我几乎一直处于补考、重修的状态。我也反思过自己，发现自己对机械这一专业实在是不感冒，学起来完全提不起兴趣，也不擅长。于是我专升本打算跨考其他专业，经过一段时间的考虑，我最终选择了自己比较喜欢和擅长的英语专业。其实我也想像其他同学一样考我们二工大本校，但是无奈我机械这方面太差了，而且数学也不擅长，想想还是避开求稳吧。我说了这么多，就是想说明一个道理：每个人都有自己的优点和长处，我们要善于发现和利用长处，

---

* 本文为2022届毕业生李志强在毕业离校后给辅导员的一封信。标题由辅导员拟定后添加。经其同意，收入本书。

扬长避短。因为选择永远比努力重要，这是我大学期间明白的道理，不管是学习还是以后的工作，都适用。

再聊一聊我大学期间学到的人生经验吧。我没有贬低的意思，但是有一说一，不得不承认的是，专科的学习氛围和本科的同学相比还是有差距的。这也是我一定要专升本的原因，因为我真的很不甘心，我觉得自己值得更好的。关于经验教训，第一，要"少打游戏""少打游戏""少打游戏"，重要的事情说三遍。适当娱乐放松可以，但是真心不建议花费过多时间在游戏上，若干年后，你会发现那真的是浪费时间，当然如果能利用游戏实现"变现"的话，则是另一回事了。不过大学期间首要任务还是学习，一定要搞好学习。第二，要适当运动锻炼，健康的身体是革命的本钱。晚上在学校操场慢跑几圈，或者学校也有健身房，冬天怕冷去那里也很方便。当感到迷茫和焦虑的时候，学习和健身是永远不会错的，坚持下去一定会有收获。还有就是少熬夜，千万不要以为年轻就透支身体，要保持规律的作息。嗨，我知道这一点作为大学生很难做到，但还是尽量少熬夜吧。

最后聊一聊专升本的备考吧。首先就是硬性条件了，专升本的两张入场券：通过英语四级（425分及以上）和通过计算机一级（上海市或者全国计算机一级都可）。关于英语四级，我的建议是从大一就要提早准备，至少得提前熟悉四级的单词。英语是个需要日积月累的学科，不适合考前突击，所以建议提前准备，每天抽出一点时间学一学，考前一个月再刷真题卷。详细的四级备考攻略就不细讲了，网上都有，找到适合自己的学习方法最重要。这里只是我的一点个人建议。关于计算机一级，我记得二工大每年可以考一次，如果考试合格，可以获得上海市的计算机证书，大家要及时关注报名通知，不要错过了时间。总之就是，这两个考试，要尽量一次性通过，不要还没考就想着考第二次啥的。古人说，一鼓作气，再而衰，三而竭。早点考完多好！所以这两个考试要认真准备。我就见过身边一些报完名就"划水"的同学，最后果然没考过。

专升本考试的准备，差不多大二下学期就可以着手进行了。建议先提前搜取相关考纲政策，确定好要报考的学校和专业，然后去了解它历年的分数线，好让自己心里先有个谱。再根据自身情况，购买相关习题进行练习。

结合自身情况，有需要的同学也可以后期报个班进行备考，这些看个人了。最后聊一聊备考期间的规划。不说每天吧，但起码要保证每周有一定的学习时间，持之以恒，切忌三天打鱼两天晒网，咱们允许自己"摆烂"，但请不要长期一直"摆烂"，该学习的时候得学习。

还有就是，要学习的话，可以去教室或者图书馆，因为在寝室学习是真的很难静下心来，只会事倍功半。

三年时光很短，但也很快，三年来，我一有啥事就喜欢跑您办公室，给老师增加了很多麻烦，真心感谢您的一路陪伴。

祝超杰老师工作顺利！

辅导员点评

很感动能得到李志强同学的信件！作为辅导员，能够通过自己的引导，留住学生并安心完成学业是非常自豪的一件事情。其实每一份经历都是人生宝贵的财富，三年来这一届同学经历了太多，但是也因为这些经历让志强和2019级的同学们更加刚强有力，并以更好的姿态面对新的人生道路。祝贺志强如愿，当然也希望志强同学今后继续努力，加强实践，开阔视野，成为一个更完美的人！志强，加油，努力去追寻自己的梦想吧！

学生简介

李志强，男，共青团员，上海第二工业大学高等职业技术（国际）学院19机电01班学生。毕业后升学至上海师范大学天华学院英语专业，继续本科阶段学习，后续目标是报考上海外国语大学研究生。

后记

2017年3月，我在"辅导员说"平台发表了一篇工作随笔《做"名牌大学"的学生还是做"名牌大学生"？》，并在师生间产生了广泛的影响，有幸荣获2017年度"上海市高校校报好新闻评选（评论类）"三等奖。这篇网文慢慢地便成了我与学生互动的载体、素材，并发挥出了更大的价值。这份意外的收获激励了我在学工路上继续不断记录与写作，汇聚工作与生活中的点滴思考与感悟。

弹指一挥间，我工作近十年了，记录下的与学生工作有关的文字已有约30万字。脑海里也不时会萌生出将自己学生工作中的这些文字集结成册的想法。当然，我知道有关辅导员工作的著作已经有很多，也阅读了很多。有富含深厚理论的学术类著作，有贴近学生工作的一线案例集，也有记录和学生交流的文字合集等。看着自己手上众多的文稿，我认为值得为自己的工作，为学校的辅导员队伍建设以及为辅导员这份职业留下一些内容，留下些许印记。于是，此书的出版也顺势启动。

从最初的写作到如今的成稿，或许记录方式有所变化，但做记录这项工作从未间断，随着文章数量的逐步增多，视野也逐步得到拓展。写作地点有时在办公室，有时在路途中，有时在和学生一起做志愿者的现场……此次所整理的100多篇文章，来源于我近十年辅导员工作中所记录的一线学生工作和个人职业成长的文字材料，以微见大，涵盖了学生工作的方方面面。我将这些文章分为四类，分别是：工作起初阶段的代表性工作周记内容——记录思政；工作稳步推进以来的时事评论、网络文章，参与学生工作有关比赛、演讲的文稿等——漫谈思政；结合学生工作的日常所发布的个人"朋友圈"的文案及其背后的故事——图说思政；还有思政工作中的师生互动。

我在这本书中旗帜鲜明地表明了坚持中国共产党领导的社会主义办学方向。第一，我注重以学生易懂的语言体系传达党和国家的大政方针，在流露个人真情实感的同时也向学生传达"自尊自信，理性和平，积极向上"的理念。第二，虽然内容繁多甚至有一定"杂乱"，但细细品味，也可以体现一名新时代辅导员的日常成长的轨迹与工作状态，反映出坚持并充分利用传统纸媒、新媒体等载体开展思想政治教育工作的做法。这也可以作为一种独特的工作范式，为新进辅导员提供一个参考范例。

于我而言，本书的出版代表着学生工作的一次阶段性小结。回首过去十年的学工路，机遇与挑战并进，理论与实践同行，成长与荣耀相伴。在此，我想向上海第二工业大学各级党组织、各位领导的悉心培养与教育表达最诚挚的感谢、感激与感恩。展望未来，正如习近平总书记在二十届中央政治局常委同中外记者见面时的讲话中所言："新征程是充满光荣和梦想的远征。蓝图已经绘就，号角已经吹响。我们要踔厉奋发、勇毅前行，努力创造更加灿烂的明天。"我会继续努力践行初心，担当使命，在"为党育人，为国育才"的这段充满光荣与梦想的远征中再出发！

在本书的撰写过程中，有幸得到了我的博士生导师上海大学马克思主义学院杨秀君教授的悉心指导与支持，以及校内外学工同仁们的帮助与鼓励。在此向各位老师表达最诚挚的谢意。同时，也要感谢以李岷奇、徐增产、施康乐、齐少瑜、霍培阳、侯代祥、郭翀宇、葛皓南、胡洋洋、郭晓峰、李志强等为代表的1000多名可爱的学生，有缘与你们相知、相识，互相学习、共同成长，我深感荣幸。其中，特别感谢学生党员李妍妍、孟小雨等对本书出版所付出的辛勤劳动。

最后也要感谢我的大学辅导员、班主任们的教诲，很高兴"长大后我就成了你"。

由于水平有限，不当之处在所难免，欢迎广大读者批评指正！期待同广大读者朋友做诚挚的交流。

杨超杰

2023 年 10 月